어제보다
더 —.
(나)답게
일하고 싶다

나의 보물,

미예와 상아에게 이 책을 보낸다.

어제보다
더——.
(나)답게
일하고 싶다

박앤디 지음

북클라우드

"행복한 일이라는 게 존재하나요? 일은 그냥 먹고살려고 하는 것 아닌가요?"
퇴사학교 교장으로서 내가 가장 많이 듣는 질문이다. 행복한 일? 과연 대한민국에서 그런 달달한 것이 존재할까? 나 역시 퇴사 후 의문을 품고 답을 찾아가던 어느 날, 앤디 쌤의 수업에서 나의 강점과 성향을 분석하며 답을 얻을 수 있었다. 현재도 그의 수업은 퇴사학교의 시그니처 강의로서, 수많은 직장인에게 회사를 더 잘 다니고 제대로 이직할 수 있도록 그리고 퇴사하지 않을 이유를 찾도록 근본적인 커리어 방향성을 제시하고 있다.

적성이 사치라고 불리는 세상에서, 나보다 남들에게 인정받는 것만 추구하는 세상에서, 이 책은 조용히 그러나 본질적인 질문을 던진다. 수천 건의 케이스가 농축된 통찰력을 바탕으로 '나답게' 그리고 '조금 더 만족스럽게 일하며 사는 삶'을 쉽고 담백하게 소개한다. 일의 본질이 직장에서 개인으로 변화하는 시대에 커리어를 고민하는 모든 이들에게 꼭 필요한 지침서가 되리라 생각한다.

_장수한, 퇴사학교 교장

내가 꾸준히 운동을 지속해온 비결은 뭘까?
지구력 강한 나의 성향에 딱 맞는 운동을 골랐기에
재미있게 즐기면서도 실력을 쌓았다.
하물며 운동도 그러한데 일이야 더 말해 무엇하랴.
어차피 몇 번씩 직업을 바꿔야만 살아남는 시대,
이왕이면 '나답게 일하는' 평생 써먹을 수 있는 노하우를 배워보자.

_ 이영미, 《마녀체력》 저자 / 인생학교 서울 교감

정말 가고 싶은 회사, 막연히 하고 싶은 일에 몸담았다가 생각했던 것과 달라 방황을 할 때가 있다. 진짜 나를 알고자 하는 과정을 건너뛴 채 남들과 비슷한 선택을 했을 때가 그렇다. '내 성향에 맞는 일' '나다운 일'을 찾으면 직장인 사춘기를 끝낼 수 있다. 행복하게 일하는 나 자신을 만나고 싶은 분들께 이 책이 멋진 가이드를 제시할 것이다.

_정은길, 첫눈스피치 대표 / 네이버 오디오클립 〈돈, 말, 글〉 진행자

이 책은 단순히 '일에 몰입하라' '지시받은 일을 잘하라'의 차원을 넘어, '남의 일'이 아닌 '나의 일'을 가능하게 하는 몰입과 즐거움을 주도적으로 찾아가는 과정을 이야기한다.

단순히 월급을 받고, 커리어를 관리하는 차원에서 나아가 삶 속에서 일의 존재를 인정하고 활용하는 것Work in Life, 이 책은 주도적으로 일하고 싶은 모든 이들에게 그 문을 열어놓고 있다.

_정주연, 카카오 인재개발팀

커리어 워크숍 참석자들의 추천 후기

왜 직장 상사와 내가 부딪히는지, 왜 저 사람은 늘 저렇게 행동하는지, 업무 처리를 왜 이런 방식으로 해야 하는지 답답한 부분이 많아 힘들었다. 강점과 성향을 알고 나니 주변 사람들을 제대로 이해할 수 있었다. '아, 저 사람은 책임성향이 있어서 그때 나에게 그랬던 거구나.' '저 상사는 집중성향이 있어서 자꾸 나에게 이런 말을 하는 거구나.' 그동안 부딪혔던 부분들이 명쾌하게 설명이 되니, 직장생활도 내 마음도 가벼워졌고, 업무를 하는 데 있어서 스트레스도 크게 줄었다.

_김OO

이 수업을 듣고 가장 좋았던 점은 앤디 쌤이 나의 강점을 분석해서 내가 어떤 상황에서 스트레스를 받는지, 또 어떻게 하면 강점을 살려서 보다 효율적인 업무를 할 수 있는지를 설명해주는 시간이었다. 업무를 하다가 알 수 없이 침잠하는 기분이 들 때가 있었는데, 그런 상황이 나의 성향이 가진 욕구를 충족시키지 못해서 일어난 일이라는 걸 깨달았다. 그 사실을 알고 나니 업무의 양과 필요 시간을 나에게 맞게 효과적으로 정하고, 팀원들에게도 내가 원하는 바를 명확히 설명할 수 있었다.

_SOL

직장생활이 고민이어서 시작한 수업이었지만, 나아가서는 직장 밖 일상에서 내가 어떤 사람인지, 어떻게 소통하고, 사고하고 있는지를 진지하게 고민해볼 수 있어 더욱 유익했다. 나도 몰랐던 나에 대한 인사이트를 키워갈 수 있어서 정말 좋았다.

_KIM

이 수업의 이름은 '커리어 설계'가 아니라 '인생 설계'가 더 잘 어울릴 것 같다! '왜 열심히 해도 잘 안 되지?'라고 생각했던 일들이나 중간에 포기한 문제들은 내가 모자란 게 아니라, 내 기준과 목적에 맞지 않았기 때문이라는 걸 깨달았다. 내가 좋아하는 방법으로 나의 궁극적인 목적을 달성해 나아간다면 커리어에 있어서도, 인생에 있어서도 지금보다 더 좋아질 것 같다.

_libellaswi…

전에는 내가 무엇을 잘하고 좋아하는지 별로 생각해본 적이 없었다. 그저 주어진 과제를 하나씩 해나간다는 느낌으로 지냈던 것 같다. 수업을 들으면서 평소에는 대수롭지 않게 생각했던 나의 성향에서 강점을 발견할 수 있었고, 이제는 사소한 일이라도 내가 '잘하는 방식'으로 하려고 노력할 수 있어서 무척 다행이라고 생각한다.

_학생 A

재무 직무에서 일하는 3년차 사원이다. 퇴사를 하고는 싶은데 퇴사하고 나서 무슨 일을 해야 할지 막막했고, 이번에는 나에게 맞는 곳에서 즐겁게 회사를 다니고 싶어서 강의를 수강했다. 수업에서 배운 방식으로 현재는 내게 맞는 환경과 최대한 비슷한 직장을 찾아 출근하고 있다. 나에 대해서 더 많이 공부하고 알아갈 수 있었던 시간이었다.

_LENAa

온전히
나답게
일한다는 것

"지금 하고 있는 일이 저와 안 맞는 것 같아요. 근데 뭘 해야 할지 잘 모르겠어서 일단 여기 와봤어요."

나는 매주 일요일 퇴사학교에서 다양한 직장인들을 만난다. 뭘 해야 할지 모르겠다는 사람부터 취업이 되면 마냥 좋을 줄 알았는데 아니라는 사람, 일이 너무 재미없다는 사람, 회사를 옮겨도 만족스럽지 않다는 사람, 꿈이 없다는 사람, 앞으로 뭘 해서 먹고살아야 하느냐고 묻는 사람 등 방황하는 그들의 모습을 마주한다.

내가 봤을 때 그들은 참 열심히 사는 사람들이다. 주어진 일에 최선을 다해 살아왔다. 하지만 그들은 딱히 나만이 잘하는 일, 나만의 전문 분야가 무엇인지 모르겠다고 말한다. 열심히 달려왔는데 남는 게 별로 없는 것 같고, 왜 일하는지, 최선을 다했음에도 어째서 회사에서 보람을 못 느끼는지, 과연 나에게 맞는 일이 무엇인지 모르겠다는 것이다. '나다운 삶이란 무엇일까?' 결국 그들은 그 답을 찾기 위해 나를 찾아온다.

나 역시 그랬다.

미리 알려두지만, 나는 많은 이들의 존경과 동경의 대상이 될 만한 대단한 커리어를 소유한 사람은 아니다. 크게 성공한 사람도 아니다. 하지만 나는 내가 어떤 사람인지를, 또 나에게 맞는 일은 무엇인지를 매우 오랜 시간 고민하고 실험해온 사람이다.

의사가 되겠다는 마음에 죽기 살기로 공부한 끝에 미국에 있는 의과대학 중 최고로 꼽히는 대학에 장학금과 학자금을 받으며 들어간 것까지는 나름 순탄했다. 그런데 막상 프리메드pre-med(의학 전문대학원 준비 과정)와 대학생활을 시작하고 1년, 2년이 지날수록 의사라는 직업에서도, 대학이라는 교육 시스템에서도 내가 정말로 원하는 그 무언가를 찾을 수 없었다.

대학교 2학년 말 무렵에는 심각하게 자퇴를 고민하기까지 했다. 그 시절부터 나는 부와 명예에 큰 애착이 없었고, 혼자만 잘 먹고 잘 사는 삶이 불편한 사람이었다. 대신 최대한 많은 사람들에게 혜택을 가져다주는 사회적 변화를 시작하고 싶다는 갈증에 사로잡혀 있었다. 나는 고민 끝에 의술 대신 사업을 수단으로 사람들의 신체 건강을 살피는 일을 하겠다고 마음먹었다. 대학을 졸업하고 첫 직장에서 어느 정도 마케팅 기초를 쌓았다고 느낀 시점에 혹자들은 부러워할지도 모를 미국에서의 직장생활과 삶을 뒤로한 채 한국에 왔다. 미래의 후손들에게 건강한 식문화를 전하겠다는 뜻을 품고 나만의 답을 찾기 위해 사찰요리를 배우러 다니고 배낭을 메고 전국의 사찰을 떠돌아다녔다.

그런 나를 보고 주변 사람들은 왜 자기 복을 걷어차느냐며 도통 이해할 수 없다는 표정을 지었다. 직접 창업하기에 앞서 내가 구상했던 사업을 이미 추진 중이던 중견기업에 취직했을 때도 비슷한 반응이었다. "자네는 왜 그 학력에 외국계 기업과 대기업을 두고 여기 와 있나? 혹시 오너의 친척이 아닌가?" 하며 몇몇 사람들은 나의 학력과 경력, 심지어 정체마저 의심했다.

나도 그랬다. 그들과 마찬가지로 나 역시 이런 내 자신이 잘 이해되지 않았다. 하루에도 몇 번씩 나의 선택에 불안해했다. 친구와 동기들은 졸업 후에 커리어의 정석을 밟으며 그 분야에서 전문가가 되어가는 동안, 나는 연봉은 물론 사회의 인정마저 자발적으로 낮추고 버려가며 아무도 지난 적 없는 황무지와 같은 길을 홀로 방황하고 개척해야 했다.

그러면서도 '이 길이 정말 맞을까? 시간 낭비만 하고 낙오자가 되는 것은 아닐까?' 하는 생각에 이미 등 돌렸던 삶으로 돌아가고 싶다는 갈등에 시달리기도 했다.

그럼에도 '왜 나는 남들하고 다를까? 나만 이런 걸까? 내가 이상한 걸까?'라는 의문이 들 때마다, 사람은 누구나 조금씩 다른 '성향'을 갖고 있고, 다른 방식으로 사는 것이 당연하다는 진리를 스스로 상기하려고 노력했다. 그러면서 나답게 일하고 나답게 살아가는 방식에 대해 거듭 고민했다.

나답게 일한다는 것은 막연히 어떤 직업을 갖고 싶은가, 어느 회사에 입사하고 싶은가를 고민하는 것이 아니다. 내가 가장 보람을 느끼고 가장 성과를 많이 낼 수 있는 일, 오랫동안 일하면서 나만의 전문 분야로 만들 수 있는 일이 무엇인지 알고 수행하는 것, 그것이 나답게 일하는 방식이다. 그리고 그렇게 살기 위해서는 나는 내가 갖고 태어난 재능과 성향을 최대한 활용해야 한다고 생각했다.

처음 개인의 성향을 분석한 후, 이를 커리어 설계 과정으로 만든 이유는 철저히 나를 위해서였다. 당시 내게는 수많은 고민과 생각을 정리할 체계가 필요했고, 심리학을 전공했을 때 배운 이론과 방법론을 활용해 구체화할 수 있었다. 대학 졸업 전에 완성한 프로그램을 활용해 주변 지인들의 진로 고민을 상담해주고, 이후에는 재능 기부의 형식으로 일과 직장생활에 힘들어하는 직장인들에게 커리어 설계에 대한 조언을 주었다. 그렇게 십수 년에 걸쳐 다듬고 보완한 프로그램을 활용해 현재는 매달 커리어 워크숍을 열어 수백 명 직장인들의 고민을 듣고 스스로 만족할 수 있는 삶을 찾는 일을 돕고 있다.

나답게 일하는, 평생 써먹을 수 있는 노하우

커리어 설계는 누구에게나 무척 어려운 일이다. 혹자들은 취업 준비생이나 사회 초년생에게만 어려운 일이지 경력자는 다르리라 생각하지만, 30·40대는 물론 은퇴를 앞둔 사람에게도 그 과정은 여전히 고통스럽고 두렵다.

그래서인지 많은 사람들이 취업과 이직 컨설팅에 참석하고, 몸값을 올리기 위한 협상 워크숍을 찾는다. 하지만 이 과정을 거쳐 남들이 좋다는 업계 1위라는 곳에 취업을 했음에도 여전히 자신이 무엇 때문에 일하는지 모르겠다는 사람들을 나는 부지기수로 봤다.

조건은 화려할지 몰라도 정작 내가 행복하지 못하면 그 만족감은 거품처럼 쉽게 꺼진다.

자신이 어디에서 어떤 방식으로 일할 때 만족감을 느끼고, 어떻게 살아야 진짜 행복한지를 찾는 것. 나는 이 책이 그 역할을 해줄 수 있다고 믿는다. 이 책은 지금까지의 당신의 삶을 중간 정산하고, 평범한 이력서 안에 숨어 있던 재능과 성향을 최대한 활용할 수 있도록 도울 것이다. 그리고 앞으로 어떻게 살고 어디로 향할지 밑그림을 그릴 수 있는 기준점을 얻게 해줄 것이다.

처음에는 미심쩍다는 눈초리로 혹은 자포자기의 심정으로 수업을 듣던 사람들도 나중에는 자신만의 가능성을 얻고 몇 년 뒤 씩씩한 모습으로 나를 찾아온다.

"당시에는 너무 괴로웠는데 지금은 행복해요."
"커리어 설계 이후 인생이 완전히 바뀌었습니다."

그들에게서 이런 말을 들었을 때 나는 기쁨에 환호한다. 이 책을 읽는 독자들과도 같은 마음을 공유할 수 있기를 기원한다.

여러분의 동네 친구, 학교 선배, 퇴사한 동료가 하는 이야기라고 생각하고 부담 없이 이 책을 읽어줬으면 좋겠다. 내가 소개한 방법이나 도구를 지금 바로 사용하지 않아도 괜찮다. 한 번이라도 좋으니 이 책에서 언급하는 관점으로 자기 자신과 커리어를 바라볼 수 있다면, 그동안 시류에 휩쓸려 다니느라 외면했던 진짜 나를 재발견하는 전환점이 될 것이다. 이는 나의 이야기이기도 하고, 나를 거쳐 간 의뢰인들이 공통적으로 한 말이기도 하다.

이 책을 읽는 것만으로 내 성향에 딱 맞는 직업을 찾고, 어느 회사나 업계로 이직해야 하는지 정답을 알 수는 없다.

하지만 내가 요즘 정확히 무엇 때문에 그렇게 힘들고 퇴사하고 싶었는지, 이직할 때 지금과 같은 실수를 반복하지 않으려면 앞으로 어떤 기준으로 직업이나 회사를 선택해야 하는지, 지극히 평범하고 보잘 것 없는 나의 경력 안에서 대체 무엇을 내세워야 할지, 내 계획을 못 미더워하는 가족과 주변 사람들을 어떤 명분으로 설득할 것인지 등등 이런 질문에 답을 찾는 데 도움이 될 것이다. 그리고 이 방법을 한번 익혀놓으면 다음 직장뿐 아니라 커리어 고민이 들 때마다 평생 써먹는 노하우를 얻을 수 있다.

나는 여러분에게 명확한 답을 알려줄 수 없다. 대신 여러분이 스스로 고민하고 답을 찾아갈 수 있도록, 스타워즈에 등장하는 제다이 마스터 요다의 영혼처럼 옆에서 생각해볼 거리와 질문을 던지고, 직접 답을 찾아보는 연습을 소개할 것이다.

나도 안다. 이 책은 참 불친절한 책이다. 그래도 나는 여러분에게 고기를 잡아주는 대신 고기 잡는 법을 알려주고 싶다.

먹고살기 위해 일한다고 하지만, 우리는 행복하기 위해 산다고 믿는다. 아무리 먹을 것이 많아도 행복하지 않으면 살아갈 이유를 잃기도 하지 않는가? 여러분이 먹고살기 위해 매일 하는 그 행위가 행복 또한 가져다 줄 수 있기를 진심으로 바라며, 이 책을 시작한다.

박앤디

Contents

먼저 읽고 추천합니다 - 4
커리어 워크숍 참석자들의 추천 후기 - 6
프롤로그 _ 온전히 나답게 일한다는 것 - 8

(1장) 회사를 옮겨도, 옮기지 않아도
(왜 똑같이) 힘-든-가?

스무 살부터 했던 고민을 마흔 넘어서까지 - 22
4.3개월 만에 이직 준비 끝? - 28
회사 쇼핑을 멈춰라 - 34
이직을 해도 왜 만족스럽지 않은가? - 39
커리어 계획 말고, 커리어 기획 - 44
나만의 기준으로 나만의 일을 찾아서 - 50

☑ 커리어 노트 우리가 이직을 망설이는 이유 - 54

(2장)   성적, 노력, 스펙은 알아도
(정작 '성향'은) 몰-랐-다-니!

영어를 잘한다고 영문과에 가면 안 되는 까닭 - 62
한국인 10명 중 1명만 몰입해 일한다 - 69
적성이라 적고 사치라 부르는 세상 - 74
능력, 스펙, 노력? 그전에 성향! - 80
어떻게 내 성향을 찾을 수 있을까? - 85
'일'과 '회사'에도 성향이 있다 - 94
성향을 강점으로 바꾸는 법 - 98

☑ 커리어 노트 성향에 맞는 직업은 있다? 없다? - 102

(3장)   '열심히' 일하지 마라,
(어제보다 더 '나답게') 일-하-라

페이스북의 강점 훈련 - 108
사서 지망생이 왜 비서가 됐을까? - 114
약점 안에서 강점 찾기 - 119
나는 이 회사의 적자인가? - 124
강점은 '다름'에서 나온다 - 128
당신은 이미 강점을 쓰고 있다 - 132

☑ 커리어 노트 잘하는 것과 좋아하는 것 중 뭘 해야 할까? - 136

(4장) 나답게 일한다, 하나
(일상 설계자가) 되-는-법

일상 설계자가 되어라 - **142**
커리어 설계의 기준 - **148**
나는 매일 어떤 일을 하고 있나? - **150**
출근하기 싫은 이유 진단하기 - **153**
그럼에도 퇴사하지 않는 이유는? - **158**
이력은 평범해도 사람은 평범하지 않다 - **163**
평범한 이력서에서 핵심역량 찾기 - **167**

☑ **커리어 노트** 커리어 설계 이후에 벌어질 일 - **174**

(5장) 나답게 일한다, 둘
(그 일, 그 직장) 설계-하는-법

사과는 사과끼리, 오렌지는 오렌지끼리 - **180**
나와 일의 궁합을 본다면? - **187**
그 회사, 그 상사 고르는 법 - **193**
검증하고 또 검증하라 - **197**
때로는 양다리가 필요하다 - **204**
나답게, 흔들림 없는, 북극성 설계 - **207**
잘 만든 커리어는 인생을 관통한다 - **213**
결국 본질을 향해 나아가리라 - **220**

☑ **커리어 노트** 직업과 사랑에 빠지지 마세요 - **224**

(6장) 먹고살기 위해?
(결국은 행복하기 위해) 일-한-다

360명이 모두 1등이 되는 법 - **228**
매일 조금씩, 내가 일하고 싶은 모습으로 - **234**
정체된 커리어를 극복하고 싶다면 - **237**
미래에도 인간은 결국 일한다 - **242**

부록 _ 나에게 맞는 커리어 설계법 - **249**
에필로그 _ 마음이 이끄는 대로 해보는 것 - **268**
참고 자료 - **271**

(1장)

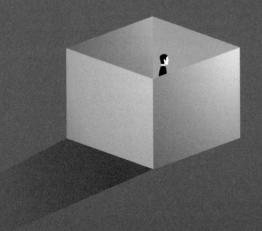

회사를 옮겨도,
옮기지 않아도

(왜 똑같이)

힘-든-가?

스무 살부터 했던
고민을
마흔
넘어서까지

10년차 이력서를 뜯어보니

"사회생활을 시작한 지 2년이 넘어가요. 근데 처음에 지원할 때 생각했던 것과 너무 다르고, 이곳에서 배우거나 이룬 게 아무것도 없는 것 같아요. 문제는 이 일을 그만두더라도 다음에 뭘 해야 할지 모르겠다는 거예요. 지금 경력으로는 그만둘 수도 없고, 그렇다고 전공과 경력을 다 포기하고 전직해서 신입부터 다시 시작하자니 그동안 해왔던 게 너무 아까워요."

"10년차 직장인입니다. 이직을 하고 싶어도 이 나이 먹고서 딱히 갈 만한 곳이 없네요. 동기들은 새로운 커리어를 시작하거나 회사를 나가 창업을 하는데, 저만 혼자 대책 없이 회사에 남아 있는 것 같습니다. 이 회사에서 언제까지 버틸 수 있을지 모르겠고, 퇴사하면 뭘 해서 먹고살아야 하나 걱정입니다. 진로 고민만 하면 불안하고 막막하네요."

이제 사회생활을 시작한 지 얼마 안 된 20대부터 경력을 쌓은 30~40대까지, 나이가 적든 많든 경력이 짧든 길든 의뢰인들이 나를 찾아와 하는 하소연은 늘 비슷하다. '그만두고 싶은데 막상 어디로 가야 할지 모르겠다' '나이가 차서 갈 곳이 없다' '회사생활이 지겹지만 먹고살기 위해 어쩔 수 없이 다닌다' 등등 진로 고민을 토로한다.

놀라운 점은 그들 중에는 꽤 번듯한 직장에 다니는 이들이 많다는 것이다. 국내외 명문 대학을 나와 대기업이나 공기업, 외국계 기업에서 일하고 있는 이들이 이직을 고민하며 찾아온다. 분명 누군가에게는 동경의 대상인 곳에서 일할 텐데, 그들은 왜 내 앞에서 그동안 쏟았던 노력과 시간이 쓸모없다고 말할까? 배부른 고민일까?

업계에서 우수한 대접을 받아온 이들조차 만족하지 못하면 나머지 사람들은 대체 어떤 일을 해야 행복할 수 있을까? 그리고 스무 살부터 했던 고민을 서른, 마흔이 되어서도 하는 이유는 뭘까?

그것은 '일과 커리어를 대하는 우리의 태도'에 문제가 있기 때문이다. '앞으로 뭘 해서 먹고살지?' '좋아하는 일을 하면서 밥 벌어먹고 살 수 있을까?' 미래에 대한 걱정은 무수하지만, 정작 커리어에 대한 본질적 고민은 회피하고 있기 때문이다.

생각해보면 우리는 학창 시절과 사회 초년생 시절에 최대한 빨리 취직해서 안정을 찾고 돈을 버는 것을 최우선으로 여기며 달려왔다. '일단 살아남고 보자!'라고 외치는 사회에서 자신을 탐색하거나 변화를 꾀하는 시간은 사치였다.

물론, 늘 앞만 보고 달려가지는 않았을 것이다. 3개월마다, 3년마다 주기적으로 번아웃 증상이 찾아오면 '대체 뭘 위해서 이렇게 일하지?' 하는 질문을 스스로에게 던지고는 했다. 하지만 제대로 고민해본 적 없었기에 어디에서부터 어떻게 시작해야 할지 모른 채, 결국 고민이 아닌 걱정만 하다가 포기하는 악순환을 되풀이해왔다.

진정한 고민이 아닌 걱정 속에서 회사를 다니다가 먼 나라에서 보내는 여름휴가로 지친 스스로를 위로하는 일상을 서른 번 정도 반복하고 나면, 어느새 누구의 것인지 모를 낯선 인생과 커리어만이 빛바랜 개근 상장처럼 남아 있을 뿐이다.

'왜?'라는 질문 하나로 일어난 놀라운 변화

"지금 가고 있는 길이 맞는 걸까?"
"여태껏 쌓은 경력이 쓸모없었던 건 아니었을까?"
"어떻게 해야 제대로 된 커리어를 만들 수 있을까?"

지금 이런 생각을 하고 있다면 다행이다. 최소한 당신은 고민을 시작해보기로 했으니까. 대다수의 사람들이 은퇴하기 전까지 이런 생각조차 하지 못한 채 살다가 커리어를 마무리한다.

남들에 비해 뒤쳐졌다고 자책할 필요도 없다. 한 분야에서 오랜 시간 커리어를 쌓아온 기업 임원이나 전문직 종사자를 컨설팅할 때마다 느끼지만, 사회생활의 베테랑조차 지금 가고 있는 길이 옳은 길인지 아닌지 불안해한다. 그러니 우선 이 고민을 삶의 일부로 받아들이자. 어떤 일이든 문제의 해결은 문제점을 인정하고 직시하는 것에서부터 시작되는 법이니까.

'왜?'라는 질문 하나로 삶의 의미를 되찾은 인물이 있다. 《나는 왜 이 일을 하는가》의 저자 사이먼 사이넥이다. 사이넥은 꽤 성공한 인생을 살아왔다. 로스쿨을 졸업하고 시작한 사업은 창업 후 3년 징크스를 가뿐히 넘어섰고, 포춘 500대 기업을 고객사로 확보하는 쾌거를 거두며 승승장구했다. 두꺼운 월급봉투, 명예로운 직함, 그에게 환호하는 사람들… 누구나 부러워할 만한 것을 얻었다. 그럼에도 그는 공허했다. 원하는 모든 것을 제 뜻대로 움직이고 있는데도 정처 없이 떠돌았다. 그는 오랜 시간 자신이 행복하지 못한 이유를 고민했다. 그리고 한 가지 결론에 다다랐다.

왜?

사이넥은 자신이 어느 순간 '왜?'라는 질문을 잃어버렸음을 깨달았다. 그 질문을 잃어버렸기에 그는 어떤 것에도 만족할 수 없었다.

'왜?'는 이유, 목적, 신념 같은 것을 요구한다. 즉, 매일 아침 우리는 왜 아늑한 잠자리를 박차고 출근하는가? 그토록 애를 쓰며 일하는 이유는 무엇인가? 그 회사의 존재 이유는 무엇인가? 이 질문을 끊임없이 고민하고 자신의 답을 찾아나가는 과정을 거칠 때 일에서 행복은 물론 진정한 성과를 얻을 수 있음을 그는 깨달았다.

고민하지 않으면 시작조차 할 수 없다. 시작하더라도 사이넥처럼 어느 순간 한계에 부딪히고 공허함에 빠진다. 이 책은 당신에게 "왜?"라는 질문을 끊임없이 던질 것이다. 그때마다 내가 답을 줄 수는 없다. 하지만 충실한 조언자는 되어줄 수 있다. 이 책을 통해 더 이상 빛바랜 개근상장 같은 커리어에 연연하지 말고, 자신만의 인생이 담긴 커리어를 설계하자.

그전에 조급해하지 말고 천천히 가라고 당부하고 싶다. 밭을 일굴 때 같은 시기에 심은 씨앗이라도 동시에 싹을 틔우지는 않는다. 또 일찍 대지를 뚫고 나왔다고 해서 더 빨리, 더 훌쩍 자라지도 않는다. 발아에 실패한 씨앗에서 몇 년 뒤 싹이 움트기도 하고, 병들어 죽은 것처럼 보이던 나무에서 이듬해에 새순이 돋기도 한다. 인간이라고 다르지 않다. 일찍 피든 늦게 피든, 각자의 페이스에 맞게 성장하고 있을 뿐이다. 부디 천천히 가더라도 끝까지 가서 자신만의 길을 찾기를 바란다.

4.3개월 만에
이직 준비
끝?

평균 7회 이직의 시대

우리는 몇 살까지 일할 수 있을까?

2016년을 기준으로 남성은 51.6세, 여성은 47세에 주된 일자리에서 퇴직하고, 실질적인 은퇴 연령은 남성 71.1세, 여성 74.5세라고 한다(한국고용정보원). 20대부터 일을 시작한다고 했을 때 앞으로 약 50년은 경제활동을 해야 한다는 뜻이다. 그러나 대부분의 직장인이 50년의 기간을 생각해 장기 커리어 플랜을 계획하기보다는, '바로 다음'에 옮길 직업과 직장만을 고민하는 것이 현실이다.

취업포털 잡코리아의 설문조사에 따르면 직장인 10명 중 9명은 이직 경험이 있고, 30~40대 직장인의 평균 이직 횟수는 3회로 집계되었다. 70대 초까지 일할 경우, 5년마다 이직을 한다고 가정했을 때 약 30~40년 동안 6~8차례 이직하는 셈이다.

실제로 미국에서는 '생애 평균 이직 횟수 7회'를 정설로 받아들이고 있다. 자본주의의 선구자이자 쉬운 해고가 일반화된 사회이기에 미국인에게 이직은 꽤나 일상적인 일이다. 하지만 아무리 이직이 빈번한 사회라 하더라도 그 과정이 만만하거나 부담스럽지 않은 것은 아니리라.

미국 워싱턴대학교의 토머스 홈즈 박사와 리처드 라헤 박사가 개발한 스트레스 측정 척도Holmes-Rahe Stress Scale에 따르면, 총 43개의 스트레스 항목 중 직업 변화에 관련된 항목이 상당히 높은 순위에 올라 있다. 인생의 스트레스 지수 1위에 해당하는 '배우자의 죽음'(100점)을 기준으로, '해고'는 8위(47점), '은퇴'는 10위(45점), '전직'은 18위(37점), '직무 변경'은 22위(30점)를 차지한다. 직업 변화에 따른 스트레스는 가족의 건강과 죽음에 비할 바는 아니겠지만, 인생을 뒤흔드는 큰 충격인 셈이다.

당신이 5년마다 매번 새로운 일을 찾고 생판 모르는 환경에서 적응하는 상상을 해보라. 전직이나 직무 변경을 할 때 받는 스트레스 지수가 배우자의 죽음에서 받는 지수의 1/3 수준이니, 이런 경험이 일곱 번이나 누적된다면 배우자와 최소 두 번 사별하는 것에 맞먹는 스트레스를 감내해야 하는 것이다.

스트레스 측정 척도

순위	환경	스트레스 지수
1	배우자의 죽음	100
2	이혼	73
3	별거	65
4	투옥	63
5	가까운 가족의 죽음	63
6	신체 상해 또는 질병	53
7	결혼	50
8	해고	47
9	배우자와의 불화 후 화해	45
10	은퇴	45
11	가족의 건강 및 상태 변화	44
12	임신	40
13	성생활의 어려움	39
14	새로운 가족 구성원 추가 (출생, 입양, 합가 등)	39
15	사업상의 변화	39
16	재정 상태의 변화	39
17	가까운 친구의 죽음	38
18	전직, 업무 배치의 변화	37
19	부부싸움 횟수의 증가	36
20	대출 (주택 구매, 사업 자금 등)	35
21	주택 및 대출에 대한 차압	31
22	중대한 직무 변경 (승진, 좌천 등)	30

회사를 옮겨도, 옮기지 않아도 — 왜 똑같이 — 힘든가?

'바로 다음 직장'만 정해서는 답이 없다

직업 변화에 따르는 엄청난 스트레스에도 불구하고, 주변을 보면 다음 커리어에 대한 준비가 미흡한 사람들이 너무 많다.

실제로 잡코리아 조사 결과, 직장인 이직 준비 기간은 평균 4.3개월에 불과했다. 이직에 성공한 후에도 장기적으로 커리어를 관리하기보다는 다시 일상에 매몰되었고, 그러다가 다시 이직의 시기가 오면 부랴부랴 준비해서 이직하기를 반복하는 식이었다.

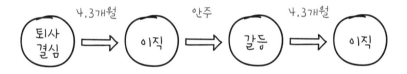

하지만 이런 방식은 엄청난 스트레스를 유발하는 것은 물론, 내 기준에 못 미치거나 그동안의 커리어와 관련 없는 일을 선택해야 하는 상황을 만들기도 한다.

나는 다를 것이라고 착각하지 말자. 평균을 피해가는 사람은 극소수다. 만약 '다음 이직까지 아직 시간이 남았는데, 뭐…' 이런 생각을 하고 있다면 잘못된 생각이다. 평상시에 다음 커리어를 위한 고민과 탐색, 실험을 부지런히 하는 자만이 지긋지긋한 커리어 스트레스에서 벗어나는 것은 물론 장기적으로 생존할 수 있다.

스타트업과 마케팅 분야에서 신화로 불리는 배달의민족. 이 회사를 만든 김봉진 대표를 모르는 사람은 없지만 그가 방황과 실패를 거듭한 끝에 커리어 전환에 성공했다는 사실을 기억하는 사람은 드물다.

대학 졸업 후 IT 회사에서 잘나가는 웹디자이너로 일했던 그는 디자인 전공을 살려 가구 회사를 열었다. 그러나 창업 6개월 후 사업은 망했고, 1년 후에는 2억의 빚을 지게 되었다.

회사에서 디자이너로 일할 때는 삼성과 LG, 나이키 등 굴지의 클라이언트들이 만족해할 만한 결과물을 냈던 그였다. 그렇기에 디자인에 관한 일이라면 어떤 일이든 잘할 수 있을 것이라고 믿었다. 하지만 김봉진 대표는 그 믿음이 자만이었음을 깨닫는다.

그는 직장인으로 돌아가 네이버에 입사해 빚을 갚고, 대학원에 입학해 디자인 철학을 재정립하면서 가장 자신다운 브랜드와 사업 모델을 고민한다. 그 결과물이 배달의민족이다. 그는 창업을 할 때 '내 전문 경력이나 관심사를 살리면 잘될 거야'라는 정도의 어설픈 계획을 세웠기 때문에 뼈저린 실패를 겪었고, 다시 사업을 시작할 때는 엄청난 고민과 과정을 거쳐 성공을 이루어냈다.

업계에서 인정받는 디자이너도 자신의 전문 분야에서 실패를 경험했다. 그런데 평범한 직장인이 평일 저녁이나 주말 서너 시간 정도의 벼락치기 준비로 몇 개월 만에 이직을 계획하다니, 위험 부담이 너무 크지 않은가!

우리에게는 이직을 위한 연착륙soft landing이 필요하다. 경착륙hard landing을 넘어 추락 사고로 이어지지 않으려면 이직 결심을 하고 나서가 아니라 그전부터 미리 조금씩 준비해야 한다.

회사
쇼핑을
멈춰라

연봉은 올라도 알고 보면 마이너스 이직

2018년 대학생이 입사하고 싶은 회사 1위는 공기업이었다(한국경제연구원). 그 전해인 2017년에는 카카오였고, 그 이전에는 CJ, 삼성전자, 현대자동차, 대한항공 등 그 해에 가장 핫한 산업의 선두 주자이거나 유명 기업이 취업 일순위로 뽑혔다.

취업 준비생이나 사회 초년생은 유명한 회사, 남들이 좋다는 회사에 지원하는 경우가 많다. 연봉이나 복지가 좋다는 외적인 이유도 있지만 아직은 본인이 무엇을 좋아하고 잘하는지 분명하지 않고, 앞으로 어떤 커리어를 쌓고 싶은지 구체적인 상이 없기에 외적인 조건이 가장 뛰어난 회사를 희망하는 것이다.

반면 경력자는 어떨까? 만약 실무 경험이 있고 자신에게 어떤 일과 환경이 맞는지 시험해볼 기회가 충분히 있었던 경력자가 취업 준비생과 같은 패턴을 고집한다면? 매번 이직할 때마다 조건은 좋아질지 모르지만, 이는 '마이너스 이직'으로 가는 지름길이다.

마이너스 이직이란 연봉을 깎거나 복지가 안 좋은 회사로 간다는 뜻이 아니다. 내가 추구하는 가치관이나 방향과 맞지 않는 방식으로 억지로 일하는 것, 그것이 마이너스 이직이다.

마이너스 이직은 진정 내가 가야 할 길에서 더 멀어지거나 보류 상태에 빠지게 한다. 일관성 없이 잡다한 일만 하다가 퇴사 후에는 제대로 할 줄 아는 게 없는 사람이 되거나, 또는 의도하지 않은 분야에서 너무 오래 일하다 보니 싫어도 그 일을 계속할 수밖에 없는 상황에 놓이는 것이다. 마이너스 이직의 폐해는 이렇듯 갈수록 되돌리기 어렵다.

마이너스 이직의 또 다른 폐해는 자신에게 맞는 직무를 깊이 고민하지 않고, 상사나 회사가 자신과 안 맞는다는 이유로 어딘가에 있을 낙원을 찾아 '회사 쇼핑'에 나선다는 점이다. '어느 회사로 옮길까?'라는 질문에서 출발하기 때문에 시작 단계에서부터 이미 실패한 이직이라 할 수 있다.

플러스 이직으로 전환하라

건설사에서 마케팅 일을 하는 김지현 씨도 회사 쇼핑에 빠진 케이스였다. 작은 회사에서 신입 시절을 보낸 지현 씨는 대학 동기들에 비해 자신이 받고 있는 연봉과 대우가 만족스럽지 않았다. 동기들은 내로라하는 기업에 다니는데 그에 비하면 자신의 명함은 초라하기 그지없어 보였다. 하루에도 몇 번씩 취업 사이트에 들어가 구인공고를 보고 이력서를 올린 끝에, 그녀는 업계에서 이름이 제법 알려진 중견회사로 이직할 수 있었다.

하지만 기쁨은 잠시였다. 연봉이 오른 만큼 업무량도 껑충 뛰어올랐다. 야근은 필수에 밤샘도 더러 했다. 고압적인 사내 분위기 때문에 업무 시간 내내 주눅이 들었고, 시작했다 하면 끝을 보는 회식 문화는 참기 힘들었다. 유명한 회사에 다닌다며 좋아하는 부모님과, 친구들에게 당당히 명함을 내밀 수 있다는 자부심으로 이 정도는 감내해야지 생각하면서도 출근길에 핸드폰으로 구직 사이트 어플을 열어보는 그녀였다.

회사 쇼핑은 쉽다. 남들이 만들어놓은 기준에 따르기만 하면 된다. 입시 때 대학 순위를 보고 목표를 정했듯, 재계 서열을 보면 회사 순위와 평균 연봉, 복지에 관련된 자료를 쉽게 구할 수 있다. 제품 리뷰를 하듯 사람들이 회사를 품평한 자료도 많다.

하지만 그것만으로 직무의 모든 것을 파악하기는 힘들다. 실제로 일을 해보면 같은 직무라 할지라도 업계와 업종에 따라 일과 회사 분위기가 천차만별이다. 남들이 만들어놓은 정보만을 믿고 들어갔다가 막상 다녀보니 생각했던 것과 전혀 딴판이었던 경험을 누구나 한 번쯤 해봤을 것이다.

제대로 이직을 하려면 직접 발로 뛰며 정보를 조사하고 깊이 고민해 판단해야 한다. 하지만 혼자서 무언가를 자발적으로 해본 경험이 없어서일까? 대부분의 사람들은 쉽게 포기한다. 그러고는 입시 공부를 하듯 커리어 설계를 시작한다. 학원에 다니고, 시험을 봐서 자격증을 딴다. 혹은 족집게 과외 선생님이나 자습서를 찾듯 커리어에 대한 조언자를 찾아 헤맨다. 하지만 일반적인 조언일 뿐, 나라는 사람에게 딱 맞는 조언일 리가 없다. 그 결과, 충분한 정보와 고민이 없는 상태에서 충동적으로 이직을 하는 실수를 반복하는 것이다.

연애는 많이 한다고, 여러 번 실수한다고 인생에 큰 지장을 주지 않는다. 아무도 새로운 연애를 앞두고 이전 연애의 히스토리를 요구하지 않는다. 그러나 커리어는 누적된다. 이전 커리어의 흐름을 보고 그 사람의 능력, 가치관, 방향성과 목표 등을 파악하고, 그에 따라 미래의 커리어도 결정되는 것이다. 따라서 커리어에 대한 명확한 주관 없이 시류에 휩쓸려 이직하는 실수는 반드시 피해야 한다.

기준과 준비 없는 이직은 지금보다 얼마나 더 괴로워질지 예측할 수 없는 도박에 뛰어드는 것과 같다. 제발 한 번뿐인 나의 커리어와 인생을 걸고 도박을 하지는 말자. 나에게 플러스가 되는 이직을 하자. 지나버린 시간은 절대 돌릴 수 없다.

이직을 해도
왜
만족스럽지
않은가?

"전 직장보다 더 나은 조건인데 왜 행복하지 않을까요?"

이정애 씨는 사회생활 7년 동안 열 번 넘게 회사를 옮겼다. 첫 이직은 연봉을 높이기 위해서, 두 번째는 상사와 맞지 않아서, 세 번째는 회사 분위기가 마음에 들지 않아서, 네 번째는 복지가 별로라서 등등 그녀의 이직 사유는 다양했다. 문제는 이직 초기에는 "이번 회사는 정말 마음에 들어요" 말하다가도 두세 달 후에는 "그 회사는 세상에 다시없을 최악의 회사예요"라며 급변하는 일이 반복되었다는 것이다.

정애 씨는 더 이상 이력서에 자신이 거쳐온 모든 회사를 적지 않는다고 했다. 이직 횟수가 많을수록 회사 인사팀에서 좋아하지 않기 때문이란다. 그녀는 분명 전보다 더 좋은 조건과 환경으로 이직을 했는데 왜 자신이 행복하지 않은지 모르겠다고 답답해했다.

이직은 분명 더 나은 삶을 위한 노력의 결과물이다. 하지만 안타깝게도 이직자 10명 중 6명이 이직한 것을 후회한다고 답했다(사람인 설문조사). 이직을 한 사람 중 절반이 넘는 60%가 만족하지 못한 것이다. 그들은 그 이유로 '연봉 등 조건이 기대에 못 미쳐서(47.8%, 복수응답)'를 1위로, '업무 내용이 생각과 달라서(47%, 복수응답)'를 2위로 꼽았다.

그러나 사실 근본적인 원인은 충분한 준비 없이 섣불리 이직하고, 결정적으로 이직의 목적과 기준을 애초부터 잘못 잡았기 때문이다. 이는 성공적인 이직을 위해 필요한 것이 무엇이냐는 질문에 '뚜렷한 목표 설정(30.6%, 복수응답)'을 일순위로 꼽았다는 점에서 알 수 있다.

전문성을 '업그레이드'해야 한다, '스펙'이 좋아야 한다, 성공적인 커리어를 말할 때 우리는 흔히 이러한 표현을 사용한다. 누구나 알다시피 업그레이드와 스펙은 보통 기계에 쓰이는 용어다. 그런 단어를 지금은 사람에게 당연하듯 쓰고 있다. 하지만 정말 인간에게 '성장'이란 마치 물건처럼 더 나은 상품이 되어 더 비싸게 팔리는 것일까?

그렇다면 회사의 네임 밸류와 연봉으로 자신의 스펙을 업그레이드한 사람 중에 절반이 넘는 60%의 사람들은 왜 만족하지 못한다고 답했을까? 반면 만족한다고 답한 사람들은 정말 행복할까?

진정 나에게 플러스가 되는 이직의 기준은 간단하다.

첫째, 나라는 사람의 고유한 욕구를 충족하는 일을 찾을 것.
둘째, 이전 직장보다 나에게 더 잘 맞는 방식으로 일할 수 있는
　　　 환경을 찾을 것.

당연한 말이지만, 누구든 첫 직장은 잘 맞기 힘들다. 따라서 이직을 할 때마다 '나와 일' '나와 회사'의 적합성을 조금씩 높여가야 한다. 하지만 대부분의 사람들이 자신과의 적합성을 맞추기보다는 눈앞의 외부 조건만을 맞춰 입사하려고 한다. 즉, 마이너스 이직만을 고집하기 때문에 아무리 회사를 옮겨도 진심으로 만족할 수 없는 것이다.

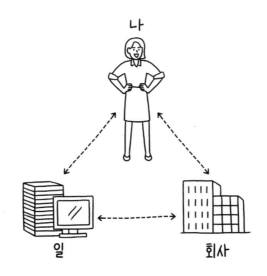

아나운서 관두고 책방을 열다

조건을 업그레이드해서 큰 회사로 이직하고 더 높은 연봉을 받더라도, 자신과 맞지 않는 환경에서 맞지 않는 일을 하면 만족하기 힘들다. 반면 자신에게 맞는 환경에서 좋아하는 일을 하면 행복은 물론이고 성과로 이어지기까지 한다. 엄청난 성공 때문에 행복해지는 것이 아니라, 좋아하는 일을 하기 때문에 성공이 따르는 것이다. 자신만의 일을 찾아 책방을 열고 베스트셀러 작가가 된 김소영 전 아나운서처럼 말이다.

〈MBC 뉴스데스크〉의 메인 앵커를 맡았던 김소영 전 아나운서는 1년간 회사에 의해 강제로 방송을 쉬어야 했다. 할 일도 없이 우두커니 책상에 앉아 있던 그녀가 유일하게 사무실에서 할 수 있었던 일은 아홉 시간 동안 책을 읽는 것뿐이었다. 방송 출연 금지 1년을 두 달쯤 앞두고 그녀는 더 이상 이렇게 살 수 없다는 생각에 사표를 쓴다.

회사를 나오면서 깨달은 것은, 입사하고 작은 일도, 꽤 중요한 일도 해봤지만 결국 마지막 순간까지 마음을 붙잡았던 것은 '진심으로 좋아했던' 소소한 방송들이었다는 것이다. 특히 그녀는 자신을 '책 읽어주는 여자'로 만들어준 라디오 〈굿모닝 FM〉의 '세계 문학 전집' 코너를 진심으로 즐기면서 진행했는데, 그로 인해 자신이 잘하는 일이 무엇인지 깨달았다고 한다. 책에서 결국 좋아하는 일을 찾은 그녀는 현재 합정동 골목에 '당인리책발전소'라는 작은 동네 책방을 운영하면서 누구보다 즐겁게 일하고 있다.

다시 한 번 말하지만, 더 나은 조건이나 소속 집단의 대외적 이미지가 결코 나의 행복을 보장해주지는 않는다. 이직을 해도 만족스럽지 않다면 과연 나와 일의 적합성을 맞추기 위해 이직을 했는지, 그저 외부 조건을 맞추기 위해 이직을 했는지를 고민해봐야 할 때다.

커리어
계획 말고,
커리어
기획

계획과 기획의 차이

우리나라 사람들은 계획은 참 잘하는데, 기획은 어려워한다. 아마도 초등학생 시절부터 방학 때마다 생활계획표를 작성하고, 중고등학생 시절에는 대학이라는 목표를 향해 달리다 보니 계획을 세우는 일에 절로 익숙해진 게 아닌가 싶다. 생각해보면 우리는 혼나지 않기 위해서, 혹은 칭찬받기 위해서 공란에 뭐든 채워 넣어야 했다. 내가 필요하다고 느끼거나 원해서가 아니라, 누군가의 요구로 그들을 만족시키기 위해 행동해온 것이다. 뚜렷한 목표나 계획 없이 지내는 시간은 그저 낭비이고 방황이라 배웠다. 왜 노력해야 하는지, 왜 쉴 틈 없이 뭔가를 해야 하는지 이유도 모른 채 빠듯한 계획 속에 자신을 몰아넣었다.

그러나 핵심은 목표를 달성하는 것이 아니다. 진정한 핵심은 '무엇을 위한' 목표와 계획인가이다. what에서 끝나는 게 아니라 why와 how를 알아야 한다. 이것이 계획과 기획의 차이다.

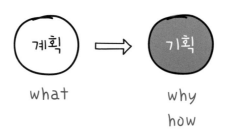

이직도 마찬가지다. '어디로' 이직하고 싶은지가 핵심이 아니다. 당신은 '왜' 이직하고 싶은가? '어떤' 기준으로 이직처를 정했는가? 명확히 답변할 수 없다면 모든 것을 멈추고 처음으로 돌아가야 한다.

"지금 직장이 마음에 들지 않으니까 이직을 하는 것이고, 지금보다 더 나은 조건이면 됐지, 뭘 더 알아야 한다는 말입니까?"

이렇게 항의할 수 있지만, 회사의 외부 조건과 감정에 휘둘려 한 이직은 만족스럽지 않을뿐더러 장기적으로는 커리어를 망칠 수 있다.

내가 커리어 상담을 하면서 느낀 바는, 지금의 직장에서 느끼는 분노와 불안, 자괴감, 답답함에서 탈출하기 위해 목적지를 대충 정해놓고 어떻게 거기까지 갈 것인지 고민하는 것을 커리어 계획이라고 착각하는 사람들이 너무 많다는 것이다. 이 글을 읽는 당신도 뜨끔한가?

하지만 지금 내가 괴로운 이유를 형편없는 회사, 못난 상사나 동료, 낮은 연봉 때문이라고 생각한다면 다음 직장에서도 똑같은 일이 벌어질 것이다. 그리고 왜 나는 이렇게 운이 없는지 원망할 것이다.

상황이 절망적일수록 조금 천천히 가더라도 한 걸음 물러서서 고민해보자. 지금과 같은 실패를 겪지 않기 위해, 진정 자신에게 맞는 선택을 하기 위해, 좇아야 할 명분과 방향이 무엇인지를.

커리어의 '목표goal'가 아니라 커리어의 '목적purpose'을 찾고, 지금 갖고 있는 이직 계획이 전체 그림 안에서 어떻게 맞아 떨어지는지 설명해보자. 그래야 이직 후에도 그때 계획을 잘못 세웠다고, 나와 맞지 않는 계획이었다고 후회하는 상황을 막을 수 있다.

퇴사의 이유와 이직의 이유는 달라야 한다

▼

큰 배를 만들게 하고 싶다면 나무와 연장을 주고, 배 만드는 법을 가르치기 전에 먼저 바다에 대한 동경을 심어줘라. 그러면 그 사람 스스로 배를 만드는 법을 찾아낼 것이다.

《어린 왕자》中

배 만드는 법을 알려주기 전에 바다에 대한 동경을 심어주듯, 계획은 명분이 있을 때 그 힘을 발휘한다.

나를 찾아오는 의뢰인들에게 이직의 이유를 물어보면 대개는 "더이상 배울 것이 없어서" "상사가 괴롭혀서" "월급이 적어서" "회사에 비전이 보이지 않아서"라고 말한다. 물론 이런 것들이 이직을 결심하는 이유가 되기는 한다. 하지만 그 이유만으로는 앞으로 가야 할 방향까지 알 수는 없다.

그때마다 내가 하는 말은 '퇴사의 이유'와 '이직의 이유'를 구분하라는 것이다. 퇴사를 하는 이유가 '무언가를 피하기 위해서'인 것은 괜찮지만, 이직을 하는 이유는 '무언가를 좇아서'가 되어야 한다. 그리고 내가 좇는 그 무엇은 특정 목표가 아니라 '방향성' 혹은 '가치'여야 한다.

퇴사의 이유	이직의 이유
무언가를 피하기 위해서	무언가를 좇아서

한민철 씨는 주먹구구식으로 일하는 회사에 학을 뗐다며 나를 찾아왔다. 그는 작은 회사에서 일하다 보니 일처리가 체계적이지 않다며

규모가 큰 회사, 소위 대기업으로 이직할 계획이라고 했다. 하지만 이런 계획은 실패가 불 보듯 뻔하다.

첫 번째 이유는, 대기업은 중소기업보다 무조건 체계적인 업무 프로세스를 갖추고 있다고 넘겨짚으면 안 되기 때문이다. 대기업 중에도 체계적으로 일하는 곳이 있고, 상대적으로 즉흥적이고 신속한 대응을 하거나 대인 관계로 문제를 해결하고 이것이 성공 요인이 된 회사도 있다. 조사하고 확인해보기 전까지는 어느 대기업이 내가 바라는 수준의 체계를 갖추었는지 알 수 없다. 대기업이라는 카테고리만으로 한 회사의 특성까지 일반화할 수 없는 것이다.

두 번째 이유는, 체계적인 업무 프로세스를 갖춘 곳이면 어디든 만족할 수 있는가 하는 문제다. 주먹구구식 일처리를 싫어한다고 해서, 체계만 충족되면 만족할 수 있다는 명제가 자동으로 참이 되는 것은 아니다. 현 직장에서 나를 괴롭힌 것은 체계에 관련된 부분이었고 인간관계에서 특별한 어려움을 느끼지는 못했는데, 새로 이직한 곳은 체계적인 업무 프로세스는 갖췄는데 현 직장에는 없었던 상사나 동료와의 관계가 문제를 일으켜 나를 괴롭힐 수 있다.

대기업으로 이직하는 것 자체가 목표가 되어서는 안 된다. 중소기업이나 스타트업이라고 해서 애초에 선택지에서 제외하는 것도 일생일대의 기회가 될 수 있는 문을 스스로 닫아버리는 꼴이다.

수직문화가 싫어서 외국계로 옮기고 싶다는 사람, 일과 삶의 균형이 없어서 공무원이 되고 싶다는 사람, 공기업의 틀에 박힌 일상이 싫어서 스타트업으로 옮기고 싶다는 사람, 모두 마찬가지다. 떠나고 싶은 이유는 어느 정도 파악하고 있지만, 옮기고 싶은 곳에 대한 이해나 명분은 상대적으로 미미하다. 계획만 있지, 깊은 고민과 철학이 담긴 기획은 없는 것이다.

계획은 당신의 욕심을 표현한 것에 불과하다. 좀 심하게 말하면 아직 실현되지 않은 환상일 뿐이다. 당신이 어떤 욕심과 환상을 갖고 있는지 세상은 관심 없다. 하지만 공감할 수 있는 가치와 방향성이 보일 때 사람들은 귀 기울이고, 돕겠다고, 함께 하자고 손을 내밀기도 한다. 배가 고프니 무작정 5,000원만 달라고 하는 거지와 자립을 목적으로 5,000원짜리 잡지를 파는 노숙자, 둘 중 누구에게 돈을 주겠는가? 이 중 어떤 사람에게 당신의 도움이 장기적으로 영향을 미치리라 생각하는가? 이것이 명분을 갖춘 기획의 힘이다.

당신에게는 어떤 명분이 있는가? 그리고 당신의 이직 계획은 그 명분에 어떻게 맞아떨어지는가? 아직도 '무엇을 하고 싶어서, 언제까지 무엇을 해야 하니까, 무엇이 되고 싶어서' 같은 목표나 계획만 떠오른다면 제대로 된 기획이 절실한 시점이다.

나만의
기준으로
나만의
일을 찾아서

미루면 미룰수록 커리어는 바로잡기 힘들다

'그래도 이 정도 연봉과 복지면 괜찮은 직장인데…'
'내가 이 나이에 어떻게 다시 백수로 돌아가겠어.'
'일단 이번 주는 지나고 보자! 현실부터 충실해야지.'

자신에게 잘 맞는 커리어를 찾아야 한다는 사실을 모르는 사람은 없을 것이다. 하지만 사람들은 막상 커리어를 탐색하거나 전환할 기회가 주어져도 단호히 결심하기보다는 망설인다. 아마 지금의 직장에 대한 미련과 앞날에 대한 막연한 두려움 때문이리라.

　　냉정하게 들리겠지만, 고민하면서도 행동으로 옮기지 않는다는 것은 당신이 아직 꽤 살 만하다는 증거다. 정말로 죽을 만큼 힘들면 더 이상 똑같은 방식으로 못 산다. 어느 날 갑자기 사표를 내고 이직하거나 새로운 삶을 시작하는 이들은 '단 하루라도 이렇게 계속 살면 안 되겠다'라는 위기의식을 온몸으로 느껴본 사람들이다. 당신보다 딱히 더 용감하거나 대단한 사람이어서가 아니다.

　　고민을 미루고 싶은 그 심정은 잘 안다. 하지만 커리어는 미루면 미룰수록 바로잡기 힘들다. 무엇을 위해 일하는지 모르겠다면, 앞으로 평생 이렇게 살아야 하나 회의가 든다면, 지금 나를 위한 제대로 된 커리어 설계가 필요할 때다.

'남의 기준'이 아니라 '내 기준'대로

　　지금까지 온전히 내 힘으로 삶의 방향을 정한 적이 있는가?

　　학생 때는 학교에서 배운 대로, 커서는 부모님과 주변 지인들이 가르쳐준 대로, 자립해서는 남들이 좋다는 사회의 암묵적인 기준대로 방향을 정하지는 않았는가? 물론 지금의 일과 삶에 만족한다면 상관없다. 하지만 모두가 좋다고 하는 삶인데도 자꾸만 내가 원하는 삶이 아닌 것만 같다면, 벗어나고 싶은데 먹고사는 문제 때문에 어쩔 수 없이 출근한다면, 이제는 '남의 기준'이 아니라 '내 기준대로' 해보는 것은 어떨까?

- 나는 무엇을 위해 일하는가? 월급인가? 인정인가?
- 지금의 일은 내가 원하는 일인가?
- 가족, 연인, 친구의 기대에 부응하는 것이 나의 행복보다 중요한가?
- 지금의 직장이 소중한 20~30대를 보낼 만큼 가치 있는 곳인가?
- 지금 커리어를 고민하는 것과 40대에 고민하는 것 중 어느 편이 덜 불안한가?

나 자신에게 질문을 던져보고 나만의 우선순위를 차분히 정리해보자. 고민하는 것만으로도 나라는 사람이 누구인지, 앞으로 가야 할 방향이 어디인지 어렴풋이 짐작할 수 있을 것이다.

본격적으로 '내 기준'을 세우기 위해서는 나를 알아가는 과정이 필요하다. 바로 '성향'을 찾는 과정이다. 사실 이 과정은 쉽지 않다. 이력서에 경력을 적기는 쉬우나 자기소개서를 쓰는 일은 어렵듯 말이다.

나는 의뢰인이 찾아오면 성향 분석을 거쳐 그 사람이 스스로 자신의 성향을 찾을 수 있도록 돕는다. 그 과정에서 그들은 자신이 어떤 사람인지, 막연히 상상만 하던 일이 자신과 얼마나 잘 맞을지를 판단하는 안목을 갖춘다.

앞으로 펼쳐질 이야기에서 나는 여러분에게 각자 '자신만의 기준'을 찾아가는 방법을 제시할 것이다. 나의 성향을 파악하는 데 그친다면 문제의 절반만 안다는 뜻이다. 일의 성향과 회사의 성향까지 파악하는 것을 목표로 해야 한다. 그 과정에서 내가 진행하는 커리어 설계 워크숍에서 사용하고 있는 '커리어 설계법'을 활용할 것이다.

자신의 성향을 파악하는 것은 커리어 설계에서도 중요하지만 무엇보다도 나라는 사람의 인생에서도 매우 중요하다. 부디 나다운 삶을 찾을 수 있는 유일한 길을 이번에는 꼭 제대로 걸어가기를 바란다.

우리가 ― 이직을 ― 망설이는 이유

'때려치우고 싶다!'라고 생각하면서도 막상 엉덩이가 무거워지는 까닭은 무엇일까? 생각만 하고 행동하지 않는 데는 분명 이유가 있다. 그 대표적인 유형을 알아보고, 회사에 다니는 것도 안 다니는 것도 아닌 어정쩡한 상태가 오래갈수록 왜 해로운지를 짚어보자.

"생각만 해도 귀찮아요"
현상 유지 귀차니즘형

이직에 필요한 시간적·감정적 투자에 엄두가 나지 않는 경우다. 연애에 비유하면, 지금 연인과 헤어지고 싶지만 그렇다고 딱히 누군가와 사귀고 싶은 건 아니고, 새로운 사람과 처음부터 다시 시작하기는 귀찮아서 관계를 유지하는 것과 비슷하다. 이는 상대에게 예

의도 아닐 뿐더러 불만족에 대한 내성만 늘어 결국 불평불만이 일상이 되기 쉽다. 나중에는 나아지고 싶은 의지조차 사라져 영원히 안주하고 만다. 귀차니즘형의 공통점은 '내가 무엇을 잘하는지, 무엇을 하고 싶은지'에 대한 고민조차 귀찮아하기 때문에 이직을 원해도 막상 뭘 해야 할지 모른다는 것이다. 헤드헌터에게 의지하거나 막무가내로 지원해서 처음 합격하는 곳으로 이직하기 쉽다. 이런 이직이라면 정말 도시락 싸들고 말리고 싶다. 문제는 이런 사람은 옆에서 아무리 조언을 해줘도 별 효과가 없다는 것이다. 이들은 이직에 대한 욕구가 귀차니즘을 극복할 정도로 간절해질 때까지 몸과 마음을 회복하는 것이 우선이다. 그렇지 않고 조급한 마음에 제대로 알아보지도 고민하지도 않은 채 이직처를 구하면 최악의 결과로 이어지기 십상이다. 이는 안 하느니만 못하다.

"할 줄 아는 게 이 일밖에 없어요"
신포도가 무서운 대안 부족형

본인의 배경, 전공, 분야를 고려했을 때 현재의 직업이나 직장 말고는 대안이 없다고 생각해 머무는 경우다. 유일한 나의 전문성과 경력을 버리면 나 혼자 뒤쳐지는 것은 아닐까, 한번 시도해서 망하면 재기 불능이 되는 것은 아닌가 하는 불안감도 한몫한다.

하지만 지금 이 순간에도 많은 사람들이 전혀 다른 분야나 업계로 옮기고 있다. 현실을 무시한 채 이직이 불가능하다고 스스로를 세뇌하는 것은 포도가 너무 시어서 어차피 먹을 수 없다고 나무에 오르기를 포기하는 여우와 다를 바 없다.

이들은 자신의 적성과 방향성을 빠르게 찾고, 겉으로 보이는 이력보다 핵심역량을 활용한 커리어 전환을 고민해야 한다. 핵심역량에 대해서는 4장에서 자세히 다루겠다.

"이직해도 지금만큼 벌 수 있을까?"
돈이 무섭지, 일이 무섭나 형

아마 제일 민감한 주제일 것이다. 지금도 월급은 통장을 스쳐 지나가는데, 여기서 더 적어지면 어떻게 살아야 하나 두려움이 밀려든다. 좋아하는 일을 하면 돈은 포기해야 한다고 오해하는 경우도 많다.

돈에 대해서는 두 가지 조언을 하고 싶다. 첫째는 내가 하고 싶은 일의 보수를 구체적으로 조사해본다. 대부분의 사람들은 타 직종의 사람이 얼마를 버는지 실제로 그 사람과 대화를 나눠보기 전까지는 잘 모른다. 같은 업종이나 업계에 있더라도 회사, 지역, 고객, 프로젝트에 따라 보수는 천차만별이다. 따라서 돈에 발목 잡히지 않으려면 적극적으로 그 분야의 보수를 확인하고 자신이 만족할 수 있는 수

준인지 따져봐야 한다.

둘째는 굉장히 중요한 이야기인데, 자신이 행복하지기 위해 얼마만큼의 돈이 필요한지 현실적으로 가늠해보는 것이다. 보통은 수입이 줄어드는 상황에 지레 겁부터 먹기 쉽다. 따라서 가계부를 쓰고 예산 계획을 짜 현실적으로 자신이 희망하는 최소한의 수입을 계산해볼 필요가 있다.

막상 계산을 해보면 의외로 불필요한 소비를 줄임으로써 자신에게 맞는 한 달 동안의 비용을 확인할 수 있다. 더불어 당장 내년이 아니라 5년, 10년 후의 나의 수입은 각각 얼마나 오를 것인지도 따져봐야 한다. 직업이나 회사마다 초봉은 높은데 연봉 상승률은 낮은 경우도 있고, 반대의 경우도 있기 때문이다.

가계부 작성과 예산 계획 외에 내가 실천했던 또 하나의 방법을 추천한다면, 한 달은 미친 척 돈을 쓰면서 최대 생활비를 가늠해보고, 다음 달은 내가 아낄 수 있는 만큼 최소한으로 아껴 최소 생활비를 파악하는 것이다. 그리고 두 번째 달이 첫 번째 달보다 소비에 비례해 얼마나 행복했는지를 생각해보자. 살면서 한 번쯤은 꼭 해볼 만한 유용한 실험이자 돌아보면 추억할 만한 경험이 될 것이다.

"내가 정말 할 수 있을까?"

용기가 없다는 자책형

이직이나 전직을 하는 주변 사람들을 보면서 '저 사람은 나와는 달리 용기 있고 신념이 있는 사람일 거야'라고 미리 선을 긋는 경우가 많다. 하지만 그들이라고 더 특별하지는 않다. 그들도 고뇌하고 방황하는 시간을 똑같이 거친 후 자신의 길을 발견한 평범한 사람들이다.

용기는 스스로의 의지나 결심으로 쉬이 만들어질 수 있는 것도 아니고, 외부의 누군가가 대신 해줄 수 있는 것도 아니다. 용기가 부족하다고 자책할 필요도 없고, 이런 나를 대신 자극해주거나 수렁에서 꺼내줄 구원자를 찾아서도 안 된다. 행복할 수 있는 길을 찾았다면 알면서도 가지 않는 것이 오히려 더 어려운 일이다. 자신이 무엇을 원하고 어떤 삶을 살고 싶은지 그릴 수 있다면 변화를 위한 용기는 저절로 생길 테니 너무 걱정하지 말자.

당신은 용기가 없어서 이직하지 못하는 게 아니라, 가고 싶은 길에 대한 확신이 부족해서다. 용기 탓은 이제 그만하고, 내일로 미루었던 진로에 대한 고민을 오늘부터 시작하자.

"하고 싶긴 한데 잘 몰라서요"

뭐부터 해야 할지 모르는 정보 부족형

이직은 하고 싶지만 정보가 부족해 현재의 일과 비교하기 어렵고, 그래서 선뜻 이직을 시도하지 못하는 경우다. 사실 대부분의 사람들은 구직 정보를 인터넷에서 검색하거나 서점에 가서 책을 사서 보는 정도에서 그친다. 하지만 세상에는 누군가 친절히 설명하고 소개해놓은 것 외에도 정말 많은 직업과 회사가 있다.

직접 찾아보지 않으면 당신은 타인이 제공하는 선택지 안에서 수동적으로 고르기만 하는 인생을 살 뿐이고, 그 작은 범주 안에 적성에 가장 잘 맞는 일이 존재할 확률은 그야말로 랜덤이다. 따라서 정보가 없으면 직접 찾아봐야 한다. 헤드헌터나 커리어 컨설턴트에게 의존하는 것은 과외 선생님이 내 전공까지 대신 알아보고 정해주기를 바라는 것과 같다. 5장에서는 살아있는 정보를 찾는 방법 중 하나로 '실무자 인터뷰'를 소개하겠다.

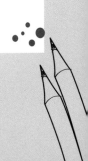

(2장)

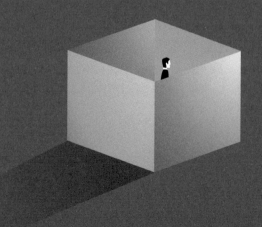

성적, 노력,
스펙은 알아도

(정작 '성향'은)

몰-랐-다-니!

영어를
잘한다고
영문과에 가면
안 되는 까닭

성적은 고려해도 '성향'은 고려하지 않는다

커리어career란 무엇일까? 어원을 살펴보면, 커리어는 '바퀴 달린 탈 것'을 뜻하는 라틴어 'carrus', 길 또는 경주를 뜻하는 이탈리아어 'carreira' 에서 파생된 말로, 우리가 흔히 말하는 진로進路를 직역한 뜻과 유사하다. 그야말로 '나아가는 길'인 것이다.

하지만 현대 사회에서 커리어는 그 의미가 사뭇 다르다. 불행히도 많은 현대인이 커리어를 '업적'이라고 착각한다. '얼마나 다양하고 전문 적인 스펙을 쌓았는가?' '어떤 능력을 갖추었는가?'라는 질문으로 성공한 커리어인지 아닌지를 평가한다. 커리어를 현재진행형인 '나아가는 길'이 아니라 과거완료형인 '이미 지나온 길'로 받아들이는 것이다. 그 결과, 우리는 학점이든 연봉이든 재산이든 직위든 세상이 정해놓은 기준에서 더 많은 점수를 따는 것이 성공이라고 생각하게 되었다. 하지만 이런 관점은 진정한 커리어를 만드는 데 전혀 도움이 되지 않는다.

형진 씨는 중학생 시절부터 영어 성적이 꽤 좋은 편이었다. 담임 선생님과 부모님은 그에게 영어 특기생으로 영문과에 진학할 것을 추천했다. 형진 씨 역시 영어 성적이 좋으니 영문과가 자신에게 잘 맞는다고 생각하고 공부에 매진했다. 결과는 성공적이었고 그는 명문 대학 영문과에 진학한다. 본인 스스로도 자신의 장점을 잘 살려 진학했다는 마음에 뿌듯해했다.

몇 년 후, 영문과를 우수한 성적으로 졸업한 형진 씨는 지도 교수의 조언에 따라 대학원 석·박사 과정을 밟아 모교에서 조교수 생활을 시작했다. 하지만 학생들을 가르칠수록 수업이 무료하고 시간을 낭비하는 것만 같다는 기분이 들었다. 어느 날은 문득 '앞으로 30년을 영문학을 가르치면서 행복할 수 있을까?' 하는 생각이 드는 것이 아닌가!

그는 결코 잘못 살아오지 않았다. 게을리 살지도 않았고, 세상이 보기에 모범적이고 평탄한 삶을 살아왔다. 안정된 직장을 최고로 치는 요즘 세상에 조금만 더 노력하면 정교수가 될 수 있는 발판도 마련해놓았다. 현대사회가 요구하는 스펙과 능력을 다 갖춘 형진 씨는 왜 이제 와서 회의감을 느끼는 걸까?

그 이유는 형진 씨가 커리어를 설계함에 있어서 '영어 성적'은 고려했을지언정 자신의 '성향(타고난 특성)'은 전혀 고려하지 않았기 때문이다. 성향이란 나라는 사람이 지니고 있는 '고유한 욕구의 집합체'이자, 생존하고 활동하기 위해 필요한 '연료'를 뜻한다. 쉽게 말해 성향은 '동기와 만족감의 원천'인 셈이다.

성향은 사람마다 다르다. 그렇기에 남들에게는 매우 중요한 욕구더라도 나에게는 우선순위의 꼭대기에 있지 않을 수 있고, 반대로 남들에게는 그다지 중요하지 않은 욕구가 나에게는 다른 어떤 것과도 바꿀 수 없는 최고의 욕구일 수 있다.

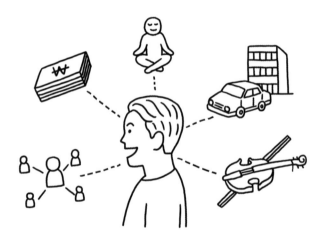

성적, 노력,   — 정작 '성향'은 —   몰랐다니!
스펙은 알아도

예를 들어, 평생직장이라는 개념이 사라진 시대에 공무원과 교직원이 최고의 직업으로 주목을 받고 있지만 '안정'이라는 연료만으로 충족되지 않는 사람도 있다. 반면, 한 번뿐인 인생이니 미래를 위해 현재를 희생하지 말자는 욜로YOLO 분위기 안에서 '돈'이라는 연료를 우선하는 사람도 있는 것이다. 문제는 우리 사회는 둘 중 어느 쪽이든 불안감과 열등감에 굴복해 자신의 성향을 무시해버리는 경우가 많다는 점이다.

형진 씨는 어쩌다 영어 성적이 좋아졌을까?

형진 씨의 이야기로 돌아가보자.

그의 아버지는 엔지니어였다. 덕분에 집에는 늘 새로 출시한 컴퓨터와 가전제품이 넘쳐났고, 형진 씨도 자연스레 기계에 관심을 가졌다. 중학생 때는 해외 IT 커뮤니티에서 정보를 얻기 위해 영한사전을 뒤적이다 보니 영어 성적도 올랐다. 그는 커뮤니티에서 세계 각국의 사람들과 대화하고 지식을 나누는 일이 즐거웠다. 페이스북 팔로어 수는 1만 명을 넘어섰고, 신제품이 나오면 리뷰 영상을 올리기도 했다. 이런 활동은 그에게 무척 즐거운 일이었지만, 단지 취미일 뿐이라고 생각했다. 부모님 역시 형진 씨가 취미활동에 너무 많은 시간을 쏟지 않기를 바라는 눈치였다. 그 스스로도 어른들이 늘 말하듯 취미는 취미, 일은 일이라고 생각했기에 과목 중에 가장 성적이 좋았던 영어에 집중했고, 대학부터 대학원까지 10년 넘게 자신의 길이라고 믿어 의심치 않았다.

하지만 사실 형진 씨가 좋아한 것은 새로운 기계를 전 세계인과 교류하는 것이었지, 영어 그 자체는 아니었다. 더군다나 학생들을 가르치는 일은 따분했다. 비슷한 수준의 사람들과 교류하기보다는 이제 막 시작하는 학생들에게 초보 수준의 지식을 전달해야 했기에 어떤 새로운 지식이나 자극을 얻기 힘들었다. 매일 스스로가 소진되는 기분이었다.

<u>영어 성적이 좋아진 이유</u>
영어가 좋아서 ⇏ 성적 상승
기계에 흥미 ⇒ 해외 정보 서칭 ⇒ 성적 상승

형진 씨의 고민은 대한민국에서 초중고를 나온 사람이라면 누구나 공감할 만한 것이다. 대부분의 사람들이 진로를 고민하기 전에 '자신의 성향'을 고민할 생각은 미처 해보지 못한다. 몇 번의 진로 조사를 거친 후에 성적에 맞춰 취업이 잘 되는 곳으로 대학을 정하는 식이다.

회사라고 다를까?

'어느 회사로 갈까?' 고민할 때 연봉과 복지, 사내 분위기, 집과 회사까지의 출퇴근 시간은 당연히 고려한다. 그러나 본인의 성향과 그 일, 그 회사가 잘 맞을지 안 맞을지는 중요한 고려 대상으로 삼지 않는다.

성공은 IQ도, 재능도, 환경도 아닌 '끝까지 하는 힘'에 있다고 밝힌 《그릿》의 저자 앤절라 더크워스 역시 어린 시절부터 아버지에게 '열정'보다는 '현실성'을 택하라는 말을 들으며 자랐다. 하지만 그녀는 궁금했다. 과연 젊은이들에게 세상에 나가 자신이 좋아하는 일을 하라고 조언해주는 것이 그렇게 허황된 일일까?

그녀는 지난 10여 년간 '관심'에 대해 연구한 과학자들의 기록을 찾아 보았다. 다양한 연구 결과에 따르면, 첫째로 사람들은 개인적 관심과 일치하는 직업에 훨씬 만족감을 느끼고, 둘째로 일이 흥미로울 때 높은 성과를 올렸다. 이를 통해 그녀는 우리가 어떤 일을 시도했을 때 얼마나 좋은 결과를 얻을지 그 결정권을 쥐는 것은 '열망과 열정, (우리) 관심의 정도'라는 사실을 깨닫는다.

그리고 더크워스 역시 세계적인 경영컨설팅 회사 맥킨지앤컴퍼니에서 고액 연봉을 받는 컨설턴트보다 아이들을 가르치는 것이 자신의 열정과 관심이 향한 일임을 확신하고 모두가 선망하던 자리를 떠나 뉴욕의 공립고등학교의 교사가 된다.

평행우주 어딘가에 있을 또 다른 형진 씨는 자신의 성향을 고민하고 다른 커리어의 삶을 살고 있을 것이다. 어쩌면 그는 자신의 성향을 살려서 IT 기기 리뷰어로 활동하거나 광고회사에서 크리에이티브 디렉터가 되었을 수 있다. 물론 어느 인생이 더 성공적이라고 판단할 수는 없다. 하지만 또 다른 형진 씨는 적어도 자신이 하는 일과 앞으로 나아갈 길에 대해 잘못된 선택이라고 후회하며 불행해하지는 않을 것이다.

　　점수와 능력에 따라 커리어를 정하는 실수는 되도록이면 다른 평행우주의 자신에게 양보하자. 이 우주에서, 이번 삶에서 내가 추구해야 할 가치와 삶의 기준은 나의 마음이 가는 방향, 즉 성향임을 잊지 말자.

한국인
10명 중 1명만
몰입해
일한다

일은 열심히 해도 몰입은 못하는 이유

아침 출근길 지하철에 몸을 실은 직장인들의 얼굴을 살펴보면 하나같이 표정이 어둡다. 먹고사는 일만 아니라면 당장 때려치우고 싶다는 얼굴이다. "출근하자마자 퇴근하고 싶다"라는 말이 직장인들 사이에서 입버릇이 될 정도로 근무 시간은 그저 참고 버텨야 할 시간, 순식간에 지나가기만을 간절히 바라는 시간이다.

심지어 얼마 전에 나를 찾아온 한 의뢰인은 자신의 커리어 컨설턴트에게서 이런 조언을 들었다고 한다. "일은 원래 먹고살기 위해서 하는 것이지, 일이 즐거울 수는 없어요"라고. 일이란 진정 생계를 무기로 우리를 구석으로 몰아놓고 끊임없이 괴롭히는 존재란 말인가?

　　세계적인 여론조사기관 갤럽에서 직장인의 몰입도 조사를 실시한 적 있다. 전 세계 기업을 대상으로 한 이 조사에 따르면, 미국 기업은 평균 30%의 직원이 업무에 몰입하는 반면, 한국 기업은 평균 11%만이 몰입하고 있었다. 이는 10명의 직원이 있으면 미국에서는 그중 3명이, 한국에서는 단 1명만이 일에서 의미와 보람을 찾고 있다는 뜻이다.

　　미국과 한국이 몰입도에서 이러한 차이가 나는 이유는 뭘까? 한국인이 미국인에 비해 선천적으로 게을러서? 그렇지 않다. 내가 만난 대부분의 한국인은 누구보다 부지런하고 의욕적이었다.

　　내가 진행하는 커리어 워크숍에 참여한 직장인들은 그 원인을 환경적 요인에서 찾았다.

　　"월급이 너무 적어서 동기 부여가 안 돼요."
　　"야근하랴, 회식하랴, 업무 시간이 길어서 집중이 안 돼요."
　　"미국에 비해 전반적인 근무 환경이나 복지가 너무 열악해서 그래요."
　　"경직된 조직문화 때문에 더 그런 것 같아요."

　　그들의 말은 한국과 미국의 조직을 둘 다 경험한 나도 충분히 공감할 만한 것이었다.

하지만 여전히 설명할 수 없는 부분이 있다. 왜 똑같은 환경에서도 11%의 사람들은 몰입하는가? 그들은 본래 일 중독자인가? 보통 사람과는 유전자부터 다른가? 나는 그렇지 않다고 생각한다. 11%의 사람들이 몰입할 수 있는 진짜 이유는 그들이 '자신에게 맞는 일과 환경'을 찾았기 때문이다. 이 말은 곧 자신에게 맞는 일과 환경을 찾는다면 누구나 몰입해 일할 수 있다는 뜻이다.

나에게 맞게 일할 때 몰입은 저절로

몰입 이론을 주장한 미하이 칙센트미하이는 어렸을 적부터 '왜 거리에서 구걸하면서도 웃으며 인사를 건네는 사람이 있고, 부와 권력을 모두 가졌지만 종일 불안해하고 짜증만 내는 사람이 있는가?'라는 의문을 품었다. 이후 그는 심리학자가 되어 이 주제에 대해 평생 연구하는데, 그 결과 환경이나 조건과는 별개로 행복한 사람들은 일상적으로 무엇인가에 '몰입'을 한다는 사실을 발견한다.

마이크로소프트 전설의 프로그래머로 불린 나카지마 사토시 역시 자발적 몰입을 한 사람이다. 그는 더블클릭과 마우스 오른쪽 클릭을 개발하고, 윈도우 95와 98을 설계한 인물로 유명하다. 그는 어렸을 때부터 프로그래밍의 매력에 푹 빠져 있었다. 하지만 당시에는 좋아하는 일을 직업으로 삼는 것이 얼마나 중요한 일인지를 잘 몰랐다. 그래서 대학 졸업 후 구직을 할 때 연봉이 얼마나 되는지, 야근은 얼마나 시키는지와 같은 업무 조건만을 따졌다.

그러나 자신이 좋아하는 프로그래밍 분야를 선택해 엄청난 성과를 거둔 지금, 그는 직업을 선택할 때 가장 중요한 요소가 따로 있었다는 사실을 깨닫는다. 수많은 조건 중에서도 직업의 첫 번째 기준으로 삼아야 할 것은 자신이 원하는 일, 좋아하는 일이라는 것이다. 실제로 그는 좋아하는 일을 할 때면 하루 16시간도 몰입할 수 있었지만, 하기 싫은 일을 할 때는 도저히 몰입할 수 없었다고 말한다.

안타깝게도 미하이 칙센트미하이와 나카지마 사토시의 몰입을 잘못 이해하는 사람들이 있다. "무언가를 이루거나 성과를 내려면 싫어도 집중하려고 노력해야 하는구나"라고 생각하는 것이다. '몰입'과 '집중'을 혼동해서는 안 된다. 무언가에 집중하기 때문에 행복하다는 인과관계가 아니라, 의식적으로 집중하지 않아도 '스스로 몰입하는 사람들이 행복하다'라는 상관관계로 보는 게 맞다.

칙센트미하이와 나카지마의 핵심은 '자발적 몰입 상태'다. 누가 집중하라고 시킨 것도 아니고, 집중하지 않으면 불이익을 주겠다고 강요한 것도 아니다. 본인이 하고 싶어서, 진심으로 내킬 때만 자연스럽게 몰입의 상태에 빠질 수 있다. 칙센트미하이가 몰입flow했을 때의 느낌을 '물 흐르는 것처럼 편안한 느낌' '하늘을 날아가는 자유로운 느낌'이라고 표현한 것도 같은 맥락이라 할 수 있다.

한국의 열악한 근무 환경 안에서도 분명 11%의 사람들은 자신의 성향에 맞는 일과 회사를 찾아 몰입하고 있다. 이 수치를 늘릴 수 있는 방법은, 버티고 참으며 자신을 일과 회사의 틀에 끼워 맞추는 것이 아니다. 스스로가 자연스럽다고 느끼는 일상적 행위를 최대한 많이 반복할 수 있는 일을 하루 빨리 찾는 것, 즉 자신의 성향을 깨닫고 그 성향에 맞는 일과 환경을 꾸준히 발견해나가는 것이다.

적성이라
적고
사치라
부르는 세상

"배가 불러서 그래"

"저한테 맞는 일이요? 당연히 찾고 싶죠. 근데 먹고살기 바쁘고 힘든데 언제 그거 찾고 있어요. 적성이 밥 먹여주는 것도 아니고, 사람이 다 자기 좋을 대로만 살 수는 없잖아요."

강연을 다니다 보면 종종 듣는 이야기다. '적성에 잘 맞는 일'의 중요성을 모르는 사람은 없지만, 대부분은 그런 일을 사막의 신기루 같은 존재라고 생각하는 것 같다.

성적, 노력, — 정작 '성향'은 — 몰랐다니!
스펙은 알아도

적성適性은 한자 풀이 그대로 '성향에 적합한'이라는 뜻이다. 하지만 많은 사람들이 막연하게 '좋아하는 일, 재미있는 일' 정도로만 생각한다. 이런 인식 탓에 진정한 성인이라면 싫은 일을 견딜 줄 알아야 하는 법이고, 적성을 찾는다고 말하는 사람을 철이 덜 든 돈키호테마냥 취급한다.

강연에서 적성을 운운하는 나에게 간혹 어떤 분들은 금수저가 아니냐는 오해를 하고는 한다. 이 책에서 밝히는데 나는 금전적으로 여유롭거나 비빌 언덕이 있어서 적성을 찾는 게 아니다. 또한 나의 커리어 설계 워크숍에 오는 분들도 먹고살 걱정이 없어서 취미로 오는 사람은 없다.

그럼에도 "적성에 안 맞아서 그만두려고요"라고 말하면 "배가 불러서 그래" 하고 대놓고 삐딱하게 보는 사람들이 적지 않다. 특히 그 직장이 이름 있고 안정적이라고 평가받을수록 그런 시선은 유독 심하다. 싫어도, 맞지 않아도, 꾸역꾸역 일해온 세월이 스스로 안쓰러워서일까?

그들은 적성을 찾는다는 말만 나오면 세상 물정 모르는 소리, 혹은 허황된 사치라고 여긴다.

최악의 사치인가? 최고의 투자인가?

그러나 적성 찾기는 사치도 철없는 짓도 아니다. 오히려 최고의 투자라고 할 수 있다.

만약 당신에게 태어날 때부터 물려받은 유산 10억이 있다고 가정해보자. 예금 연이율 1%의 은행과 5%의 은행 중 어느 은행에 투자하겠는가? 당연히 연이율 5%의 은행이다. 단리로만 계산해도, 첫 해 수익은 1,000만 원과 5,000만 원으로, 10년이면 1억과 5억으로 그 차이가 크게 벌어진다.

연이율 1%   vs.   연이율 5%
당신은 어느 쪽을 선택할 것인가?

적성도 비슷한 원리로 작동된다. 똑같은 시간을 투자하더라도 나에게 자연스러운 방식으로 일하고, 나에게 알맞은 환경에서 일할 때 성과는 높을 수밖에 없다. 여기에 자발적 몰입 상태가 10년, 20년 지속된다면 최종 결과물의 차이는 엄청날 수밖에 없다.

아무데나 × 노력   vs.   적성 × 노력

당신은 어느 쪽을 선택할 것인가?

한국의 대표 생물학자 최재천 교수도 그런 경우였다. 그는 지금은 다양한 분야에서 권위자이자 통섭 이론의 대변자로 인정받는 학자이지만, 학창시절에는 크게 두각을 나타내지 못했다. 아버지의 권유로 서울대학교 의예과를 목표했으나 두 번이나 실패하고 2지망이었던 동물학과에 진학했다. 동물학과에 들어가서도 공부보다는 시를 쓰거나 사진을 찍는 데 열중했다.

동물학과 4학년 무렵의 어느 날, 유타대학교 조지 에드먼즈 교수가 하루살이 채집을 위해 한국을 방문한다. 그는 에드먼즈 교수의 조수로 배정되는데, 일주일 동안 교수와 함께 전국의 산천을 돌아다니며 그의 연구 과정을 보게 된다. 그때 이것이야말로 자신이 바라는 모습이라는 것을 깨달은 그는 그 길로 유학을 준비한다. 당시 그의 평균 학점은 2.0을 밑돌았다. 낙제생에 가깝던 그가 4학년 말에는 48학점을 수강하고 몽땅 A학점을 받으면서 유학을 떠난다. 그토록 관심 없고 외면했던 전공 공부였는데 유학을 떠나고서 그는 물 만난 고기처럼 공부에 재미를 느끼고 개미 전문가로 거듭날 수 있었다.

최재천 교수는 젊을 때 실패하고 방황해보라는 조언을 아끼지 않는다. 자신의 적성을 탐색하고 시험해볼 기회가 언제 어디에서 올지 모르기 때문에 다양한 경험을 해보라는 것이다. 그는 적성을 찾아 공부를 했을 때의 희열을 이렇게 묘사한다.

"대학에서는 공부를 제대로 한 기억이 없다. 미국에서 학위를 받는 데도 11년이 걸렸다. 미술사에 철학에 오지랖 넓게 들으러 다니다 보니 논문이 자꾸 늦어졌다. 하지만 어느 순간 '이게 내 길이다'라는 확신이 들자 길이 고속도로처럼 펼쳐졌다. 달리면서 옆을 보니 나보다 먼저 출발한 사람들을 어느새 추월하고 있더라."

얼마나 많은 사람들이 지금 이 순간에도 적성과 자신에게 맞는 방식을 찾지 못해 밑 빠진 독에 물을 붓듯 연이율 1%의 투자를 하며 허무해하고 있을까? 최재천 교수 역시 자신의 길을 못 찾고 계속 방황했다면 아마도 평범한 직장생활을 하는 아마추어 작가가 되었을 것이다. 자신에게 얼마나 큰 잠재력이 숨어 있는지 확인도 못 해보고 죽는다면 그것이야말로 귀중한 인생을 낭비하는 사치스런 행동이 아닐까?

자신에게 맞는 방식이 무엇인지 모른 채 무조건 체력과 시간을 들여 노력하는 것은, 이율이 높은 은행을 찾아볼 시간이 없다는 핑계로 최저 연이율인 은행에 열심히 저금하는 것과 같은 미련한 짓이다. 당신이

지금껏 투자한 소중한 시간과 노력이 제대로 빛을 발할 수 있는 방법은
딱 하나, 적성에 맞는 일을 찾아 최고의 투자대비효율ROI을 뽑아내는 것
이다.

능력,
스펙,
노력? 그전에
성향!

질문이 잘못되었습니다

"당신은 어떤 성향의 사람입니까?"라고 물으면 대부분의 사람들은 자신의 호불호를 이야기한다. "회식을 싫어하는 성격이에요" "빨리 결정하는 것을 좋아합니다" "지고는 못 사는 성격이죠" 하고 말이다. 또는 지원하고 싶은 회사의 인재상에 억지로 끼워 맞춘 답변을 하거나 아예 대답조차 못하기도 한다.

나만큼 나를 잘 아는 사람도 드물 텐데, 왜 자신의 성향을 파악하는 일은 이리도 어려울까? 대부분의 문제가 그렇듯, 잘못된 질문에서 출발했기 때문일 가능성이 높다.

　"당신은 어떤 성향의 사람입니까?"라는 질문을 받았을 때 사람들이 잘못된 대답을 내놓는 첫 번째 이유는 '일할 때의 성향'과 '일상에서의 성향'을 별개로 구분하기 때문이다. 일을 할 때 유용하게 쓰이는 성향이 있다면, 그 성향은 평소에도 당신에게 자주 발현되는 것이리라. 하지만 이런 사실을 간과한 채 '나의 성향 중에 내세울 만한 것이 뭐가 있지?'라는 질문으로 시작하니 첫발부터 꼬여버리는 것이다. 제대로 된 질문은 '평소에 내 성향은 어떤가?'이다. 일상생활과 업무 환경에서 일관되게 드러나는 성향이 있다면, 이는 분명 당신의 본질적인 성향이다.

'일'할 때의
성향
=
'일상'에서의
성향

　두 번째 이유는 '나의 행동'이 '나의 성향'을 대변한다고 착각하기 때문이다. 우리는 보통 타인의 성향을 파악하려고 할 때 그 사람의 행동을 돌아보려고 노력한다. 예를 들어 매사에 서두르거나 조급해하는 사람을 '급한 성격'이라고 판단하는 것처럼…. 하지만 행동 패턴을 읽고 그 사람의 성향을 분석하는 것은 그저 겉핥기에 지나지 않는다. 더 올바른 질문은 '나는 주로 어떤 행동을 하지?'가 아니라 '내가 자주 이런 행동을 하는 이유는 뭐지?'이다. 어떤 이유로 무언가를 급하게 하는 것이 좋다고, 또 중요하다고 생각하는지를 알아야 한다.

누군가는 시간의 효율을 최고의 가치로 생각하기에 급하게 행동할 수 있고, 또 다른 누군가는 빨리 행동으로 옮겨야 실수가 있어도 수습할 시간이 있다고 생각해서 급하게 행동할 수 있다. 성향을 파악하는 최고의 지름길은 겉으로 드러나는 행동보다 뒤에서 작용하는 동기와 가치관을 파악하는 것이다.

결국 나만의 성향을 찾는 방법을 한 줄로 요약하면, how(내가 무언가를 하는 방식)와 why(그 이유)다. 하지만 많은 사람들이 what(무엇)에서 질문을 시작하기 때문에 성향을 파악하기 어려워하고 실패한다. 그렇다고 모든 행동을 how와 why를 따져 복기할 필요는 없다. 사실 그럴 수도 없다. 다만, '내가 주로 하는 행동 패턴'에 대해서는 how와 why를 찾아야 한다. 내가 반복적으로 하는 행동에는 분명 나의 성향에 대한 힌트가 숨어 있다.

성향을 찾는 두 가지 질문

how: 평소에 나는 '어떻게' 행동하고 반응하는가?

(내가 무언가를 하는 방식)

why: 나는 '왜' 자주 그런 행동을 하는가?

(그 이유)

what이 아닌, how와 why로 질문하라

"그럼 내가 주로 하는 행동 패턴은 어떻게 찾을 수 있나요?"

자신의 성향을 전혀 모르겠다는 사람에게 내가 주로 권하는 방법은 바로 '놀이'다. 여기서 놀이란, 친구들과 만나 술을 마시고 무리지어 노는 것이 아니다. '온전히 혼자서' 평소에 해보고 싶었던 것을 해보는 것이다. 혼자 놀기를 통해 내가 무엇을 좋아하고 싫어하는지, 어떻게 사고하고 결정하고 반응하는지에 대한 풍부한 데이터를 수집할 수 있다. 성향 찾기는 이렇듯 가장 일상적이고 사소한 행위에서부터 어떻게 행동하고 왜 그렇게 하는지를 분석하는 데서 시작한다.

참고로 나의 놀이 대상은 음식과 영화, 음악이다. 나는 학창 시절 이 세 가지에 미쳐 있었다. 방학이면 하루에 4~5편의 영화를 봤고, 돈 없는 대학생 주제에 매주 음식과 와인을 즐기는 모임을 만들어 운영했다. 해외여행 중에도 좋아하는 뮤지션의 공연 소식을 접하면 혼자 콘서트장을 찾아가곤 했다.

중요한 것은 놀이를 할 때 '무엇'을 좋아하는지가 아니라 '왜' 좋아하는지를 생각해보는 것이다. 나의 경우, 영화를 볼 때는 등장인물의 관점에서 생각하고 다른 이들과 이를 토론하는 것을 즐겼다. 음악을 들을 때는 뮤지션이 누군가의 음악적 영향을 받았고 또 누군가에게 영향을 주었는지를 찾는 일에 큰 흥미와 만족감을 얻었다. 즉, 그것이 나의 성향이었던 것이다.

이런 성향은 사회에서도 이어졌다. 커리어 설계 워크숍을 할 때도, 팟캐스트 〈영화의 심리학〉을 진행할 때도, 한 주제를 놓고 토론 자리를 마련해 사람들을 모으고 다양한 관점을 취하며 서로에게 미치는 영향과 그 원인을 분석하는 것이 즐거웠다. 덕분에 이러한 활동이 취미로도 일로서도 만족스러웠다.

아마 내가 온전히 혼자서 놀아보지 않았다면 지금처럼 처음 만난 사람을 대상으로 워크숍을 열고, 수백 명 앞에서 강의를 하는 일은 상상조차 할 수 없었을 것이다. 혼자서 놀아봤기에, 그리고 단순히 어떤 놀이가 재미있다가 아니라 왜 그게 재미있는지를 반추해볼 기회가 있었기에, 나는 지금 하고 있는 것들을 잘할 수 있다는 믿음을 얻었다.

놀이 외에도 성향을 쉽게 파악할 수 있는 방법은 사소한 취미나 관심사를 들여다보는 것이다. 그것들이 분명 당신의 성향을 대변해줄 것이다. 내가 무엇을 좋아하는지 그 분야나 영역 자체로 성향이나 진로를 결정하지 말자. 그보다는 왜 그것을 좋아하는지, 그리고 내가 좋아하는 것들의 본질적인 공통점은 무엇인지를 탐색해보자. 성향은 절대 멀리 있지 않다. 나의 일상 속에서 내가 발견해주기를 기다리고 있을 뿐이다.

어떻게
내 성향을
찾을 수
있을까?

나는 어떤 욕구를 지닌 사람인가?

놀이와 취미 또는 관심사로 나의 성향을 어렴풋이 짐작할 수는 있어도, 정확히 내 성향이 무엇이라고 구체화하기는 어렵다. 86~87쪽의 질문 리스트는 자신의 성향을 보다 구체화할 수 있게 도와줄 것이다. 습관, 취향, 감정, 관계별로 스스로에게 질문을 던져 나는 어떤 성향의 사람인지 분석해보자. 앞에서도 말했지만, 질문에 답을 하느냐가 중요하지 않다. 그 답변의 how와 why를 찾아야 한다. 도출된 how와 why에서 어떤 공통점이 있는지를 뽑는다면 그것이 당신의 성향이다.

나의 성향을 찾는 질문 리스트

*나를 오래 관찰해온 사람에게도 물어보자.

- 하루 일과 중 매일같이 혹은 자주 하는 행동은 무엇인가?
- 남들은 시간 낭비라고 하지만 나는 즐겨 하는 딴짓은?
- 평소에 자주 쓰는 단어나 표현은 무엇인가?
- 새로운 일을 시작할 때 준비하는 방식은 무엇인가?
- 난관에 부딪혔을 때 돌파하는 방식은 무엇인가?
- 주로 무엇을 하며 휴식하나?
- 어떻게 스트레스를 푸나?
- 자주 하는 생각이나 대화의 주제는 무엇인가?

취향

- 좋아하는 영화, 드라마, 책 등의 장르는?
- 즐겨 하는 운동이나 활동은 무엇인가?
- 외모나 공간을 꾸밀 때 중요하게 생각하는 요소는?
- 여행은 어떻게 계획하고 여행지에서 주로 하는 것은?
- 수집하는 지식이나 물건은 무엇인가?

성적, 노력, — 정작 '성향'은 — 몰랐다니!
스펙은 알아도

감정

- 언제 편안한가, 반대로 언제 불안한가?
- 언제 즐거운가, 반대로 언제 괴로운가?
- 언제 보람을 느끼는가?
- 듣고 싶은 칭찬은 무엇인가?
- 참기 힘든 비난은 무엇인가?
- 언제 성장했다고 느끼는가?

관계

- 어떤 류의 사람을 선호하는가?
- 반대로 어떤 류의 사람을 기피하는가?
- 인간관계에서 가장 중요하다고 생각하는 것은 무엇인가?
- 사람들 사이에서 주로 하는 역할은 무엇인가?
- 사람들과 어울릴 때 듣는 쪽인가, 말하는 쪽인가?
- 사람들이 말하는 나의 이미지나 특징은?
- 사람들과 어울릴 때 편한가? 혼자 있을 때 편한가?

질문에서도 알 수 있듯이, 성향을 찾는 과정은 '나의 일상적 욕구'를 찾는 과정이다. '나는 평소에 무엇을 바라는가?' '매일 어떤 욕구를 품고 사는가?' 당신이 일을 할 때, 사람들을 만날 때, 여행을 갈 때 그 욕구를 무의식적으로 쓰려고 한다면 그것은 100% 당신의 성향이라고 볼 수 있다. 그런 이유로 성향의 다른 표현은 '일상적 욕구'라고 한다.

예시) 일상적 욕구 정의하기

question	what	how	why
주로 무엇을 하며 휴식하나?	마사지, 온천욕	붐비지 않는 새벽에	짧은 시간 대비 피로를 많이 풀 수 있어서
즐겨 하는 운동이나 활동은 무엇인가?	사이클, 러닝	근처 공원에서 혼자	운동하고 금방 돌아올 수 있어서
여행은 어떻게 계획하는가?	최단경로를 찾는 데 집중	현지인 또는 여행자에게 지름길을 물어가며	시간과 체력을 아낄 수 있어서
인간관계에서 가장 중요하다고 생각하는 것은 무엇인가?	서로 도움 주고받기	상대방의 장점을 초반에 빨리 파악하여	목적 없는 관계는 시간 낭비이므로
공통점(성향)	자원을 효율적으로 활용하는 즐거움		

성적, 노력,
스펙은 알아도 ― 정작 '성향'은 ― 몰랐다니!

88쪽의 표는 커리어 설계 워크숍에 참여한 A군의 일상적 욕구를 찾는 과정을 정리한 것이다. 이 표를 통해 질문 리스트에 어떻게 답을 하고, how와 why를 도출할 수 있는지 쉽게 이해할 수 있다.

A군이 마사지를 좋아하는 이유는 '짧은 시간 대비 피로를 많이 풀 수 있어서'이고, 러닝을 하는 이유는 '멀리 가지 않고 혼자서 운동하고 금방 돌아올 수 있기 때문'이며, 여행을 할 때 최단경로를 찾으려 노력하는 이유는 '자원을 아낄 수 있어서', 인간관계에서 서로 도움이 되는 관계를 중시하는 이유는 '목적 없는 관계는 시간 낭비이기 때문'이라고 밝혔다.

키워드들의 공통점을 한 가지 개념으로 요약하면 그가 일상적으로 추구하는 욕구, 즉 성향은 '자원을 효율적으로 활용하는 즐거움'으로 정의할 수 있다.

성향을 정의할 때 중요한 세 가지 포인트가 있다.

첫째, '~하는'과 같이 능동적 행위로 정의할 것. 일상적 욕구는 내가 많이 할수록 만족감이 높아지는 행위다. 남이 시키거나 억지로 하는 행위가 아니므로 '~하는'과 같이 능동 형태로 표현한다.

둘째, '즐거움'이라는 형태로 정의할 것. 이 말을 자칫 오해할 수 있는데, 그 행위를 할 때 항상 즐겁기 때문에 '즐거움'으로 정의하라는 말이 아니다. 이 욕구를 완벽하게 충족시켰을 때 느끼는 극단적인 감정 중 긍정적인 것은 '즐거움', 전혀 충족시키지 못했을 때 느끼는 극단적인 감정 중 부정적인 것은 '괴로움'이라고 가정했을 때, 그 사이에는 편안함과 불편함이 분포되어 있다. '즐거움'은 그중에서 가장 긍정적인 형태로서 완벽하게 충족된 상태의 정의다. 똑같은 욕구 안에서 괴로움도 즐거움도 다 발생할 수 있다는 점을 염두하자.

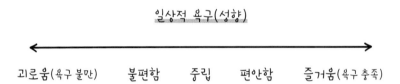

일상적 욕구(성향)

←──────────────────────────────→

괴로움(욕구 불만)　　　불편함　　　중립　　　편안함　　　즐거움(욕구 충족)

셋째, '나는 어떤 욕구를 가지고 있지?'라는 질문으로 빨리 답을 내고 싶은 욕심을 버릴 것. 일상적 욕구는 자신에 대한 깊이 있는 고민을 동반해야 한다. '그래서 내 성향이 뭐지?'라는 성급한 마음으로 빨리 결론을 내리려 한다면 잘못된 방향으로 자신의 성향을 정의할 수 있다. 그러

성적, 노력, 스펙은 알아도 ── 정작 '성향'은 ── 몰랐다니!

므로 그동안 내 성향이 드러난 사례들을 살펴보며 서두르지 않고 정리하는 것이 좋다. (250쪽 '1단계 나의 일상적 욕구 정의하기' SELF CHECK)

　　나의 성향을 알아가는 과정은 쉽지 않지만, 한 번 정의해두면 나라는 사람이 무엇을 원하는지를 객관적으로 보여주는 지표를 얻을 수 있다. 예를 들어, 커리어 설계 워크숍에 참석한 한 분은 자신의 성향을 다음과 같이 정의했다.

<u>예시) 일상적 욕구</u>

1. 명료하게 나의 생각을 전달하는 즐거움
2. 큰 그림 속에서 관계를 파악하는 즐거움
3. 장래에 발생할 리스크를 줄이는 즐거움

　　이 참석자는 평소에 친구와 대화를 나눌 때든 직장에서 회의를 할 때든 '명료하게 생각을 전달'하려고 능동적으로 노력할 것이다. 이는 그가 일상에서 추구하는 욕구이기 때문이다. 그리고 명료하게 생각을 전달할 수 있을 때 가장 즐거울 것이다. 반대로 생각을 명료하게 정리할 수 없으면 답답하고, 생각을 전달할 기회 없이 다른 사람의 의견을 무조건 수용해야 하는 상황이라면 괴로울 수 있다.

　　이와 같이 그는 자신의 욕구를 충족할 수 있는 일과 환경을 찾을 때 즐겁고 만족할 수 있다. 그 반대의 상황이라면 엄청난 괴로움을 겪으며 생활할 확률이 매우 높다.

평소에 자신에 대해 생각해볼 기회가 적었던 사람, 감정적으로 둔하거나 호불호가 별로 없는 사람들은 앞에서 소개한 방법으로는 성향을 찾는 것을 무척 어려워한다. 개인적으로는 '나의 성향을 찾는 질문 리스트'로 일상적 욕구를 찾는 것을 가장 추천하는 바이지만, 그것이 여의치 않다면 다른 방법도 있다.

내가 진행하는 커리어 설계 워크숍에서는 미국 갤럽에서 개발한 강점 발견 프로그램 '클리프턴 스트렝스Clifton Strengths'를 이용해 성향을 진단하기도 한다. 한국에서도 쉽게 진단할 수 있다. 도널드 클리프턴과 톰 래스가 함께 쓴 책 《위대한 나의 발견 강점혁명》에 동봉된 온라인 진단코드를 사용하는 것이다. 또는 갤럽 스트렝스 센터 사이트(www.gallupstrengthscenter.com)를 찾아가 '상위 5개 강점 액세스Top 5 Strengths Access' 진단코드를 구매해서 테스트할 수 있다.

그 외에도 에니어그램, DISC, MBTI 등 어떤 테스트를 활용하든 상관없다. 단, 테스트 결과를 액면 그대로 받아들이지 말고 자신의 행동 패턴을 분석하는 기준으로 활용하자. 앞서 강조한 것처럼 나의 행동 패턴 그 자체를 성향이라고 착각해서는 안 된다.

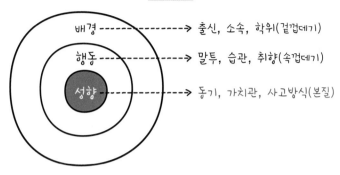

내가 특정 경향을 보이는 이유, 즉 내면에서 작용하는 나의 동기와 가치관이 무엇이기에 그렇게 생각하고, 행동하고, 느끼는지, 나의 본질을 찾아가야 한다. 겉으로 드러나는 것이 내가 아니다. 속에 있는 알맹이가 진짜 나의 모습이다.

'일'과 '회사'에도 성향이 있다

내가 '일'과 '회사'와 소개팅을 한다면

　지금까지 자신의 성향을 탐색하는 방법을 알아보았다. 그럼 내 성향을 알았으니 이제 원하는 일을 찾을 수 있을까?

　사실 이런 생각은 자신이 완벽한 이상형의 상을 그리고 있으므로 소개팅에 나가면 나에게 딱 맞는 천생연분을 찾을 수 있을 거라고 착각하는 것과 다를바 없다. 내 마음에만 들면 뭐하나, 상대방의 이상형에도 내가 부합해야지. 궁합이라는 것은 애초부터 개념 자체가 상대적이기 때문에, 천직 역시 나와 일의 궁합이 잘 맞아야 가능하다.

아니, 사람도 아닌 일의 성향을 어떻게 파악할 수 있단 말인가? 차라리 조직의 성향을 아는 것은 쉽다. 조직의 성향은 그 회사의 리더나 구성원을 보면 비교적 쉽게 파악할 수 있다. 하지만 일의 성향은? 그보다 먼저 과연 일에 성향이라는 것이 존재하는가?

뜬금없는 소리로 들리겠지만, 일에도 사람의 성향처럼 본질적인 특성이 존재한다. 사람의 성향을 헤어스타일이나 옷차림만으로 파악할 수 없듯이, 일의 성향 역시 단순히 어떤 분야나 업계인지에 따라 구분할 수 없다.

따라서 "나는 사람을 만나는 걸 좋아하고 사무실에 앉아 있기보다는 활동하는 걸 좋아하니까 마케팅 분야에 맞는 것 같아"라고 마케팅의 겉모습만을 보고 일을 결정짓는 것은 매우 위험하다. 그보다는 일의 본질을 파악하고 그것이 나의 본질과 일치하는지를 파악하는 것이 중요하다. 즉, 일과 나의 성향을 맞춰보는 것이다.

일의 본질을 정의하라

가령 A라는 사람의 성향은 '이미 잘하는 것을 더 잘하는 것'인데, 일의 성향은 '반복적으로 발생하는 문제를 해결하고 정상화시키는 것'이 본질이라면 A는 일 때문에 스트레스를 받고 있을 확률이 매우 높다.

잘하는 것을 더 잘할 기회는 부족하고, 아무리 열심히 해봐야 굴러 떨어지는 바위를 매일 산 정상으로 올려놓는 형벌을 받은 시시포스처럼 현상 유지밖에 못하기 때문이다. 이런 성향의 사람은 해결사의 역할보다는, 장인처럼 다듬고 또 다듬어서 걸작을 만들어내는 것을 본질로 하는 일을 찾는 것이 옳다.

만약 A가 애플의 제품 엔지니어링팀으로부터 입사 제안을 받았다고 가정해보자. 평소에 맥북과 아이폰 등 애플 제품에 열광해온 A는 자신이 좋아하는 제품을 만드는 일에 참여할 수 있다는 생각만으로도 흥분했다.

하지만 A와 애플이라는 회사, 제품 엔지니어링이라는 직무가 맞을지 안 맞을지는 판단할 수 없다. 회사나 직무 모두 본질이 아닌 껍데기이기 때문이다. 따라서 그 업무의 본질 찾기를 해야 한다.

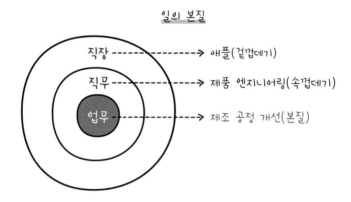

일의 본질

직장 ------------> 애플(겉껍데기)
직무 ------------> 제품 엔지니어링(속껍데기)
업무 ------------> 제조 공정 개선(본질)

성적, 노력, ― 정작 '성향'은 ― 몰랐다니!
스펙은 알아도

제품 엔지니어링이란 제조 공정을 개선하는 업무이고, 현재보다 비용과 시간, 노동력을 절감하면서 제품의 완성도를 높이는 방법을 끊임없이 고민하는 것이 업무의 특징이자 본질이다. 그렇다면 '잘하는 것을 더 잘하는 즐거움'을 추구하는 A라면 서로 성향이 잘 맞는 일이 될 것이다.

이처럼 나와 일의 성향을 맞춰보려면, 나의 본질은 무엇인지 그리고 일의 본질은 또 무엇인지 정확히 파악하고 있어야 한다. 그 일의 궁극적인 목적과 이를 위해 반복하는 '일상적 행위'의 특성은 무엇인지 알아야 한다.

이런 본질에 대한 고민 없이 내가 애플이라는 회사와 잘 맞을지, 제품 엔지니어링과 잘 맞을지를 아무리 생각해봤자 답을 찾을 수 없다. 내가 궁합을 맞춰보려는 상대의 겉모습만 알 뿐 알맹이인 본질을 모르기 때문이다. 나의 성향에 대한 고민만큼, 내가 하려는 일이 어떤 일이고 무엇이 중요한 일인지 그 본질에 대해 깊이 조사하고 생각해봐야 한다.

일의 본질을 정의하는 방법은 5장에서 구체적으로 소개하겠다.

성향을
강점으로
바꾸는 법

T.P.O.를 가려야 강점이 된다

간혹 사람들은 성향을 자신의 장점이라고 생각하고, 성향을 극대화하면 일도 인생도 술술 풀릴 거라고 생각한다. 하지만 이는 잘못된 생각이다.

사실 성향은 동전의 양면과 같다. 강점과 약점을 모두 갖고 있는 것이다. 성향은 시간, 장소, 경우에 따라 뛰어난 강점이 되기도 하고, 치명적인 약점이 되기도 한다.

21세기의 최고의 사업가이자 천재였던 스티브 잡스는 성향의 강점과 약점을 극명하게 드러낸 대표적 인물이었다.

그는 동료들에게 확신을 심어주고 몰아붙여 불가능한 일을 실현시키는 독특한 리더십으로 유명했다. 절대 맞출 수 없는 제품 출시 일정을 세우고 가능한 일이라고 설득해 출시하고, 당시 기술로는 불가능한 기능을 할 수 있다고 밀어붙여 결국 시장의 예상을 깨는 제품을 연이어 발표했다.

잡스의 동료들은 이런 그의 일하는 방식과 성향을 현실왜곡장 reality distortion field이라고 명명했는데, 이는 미국 TV 드라마 〈스타트렉〉에서 외계인이 정신력만으로 새로운 세계를 창조한다는 의미로 잡스의 저돌적인 일 스타일을 빗대어 이른 말이다.

애플은 잡스의 현실왜곡장 덕분에 수많은 혁신을 얻을 수 있었지만, 동시에 잡스는 직원들에게 인격적인 모독을 퍼붓고, 예고 없이 해고하고, 친구와 조력자를 배신하는 등의 일을 서슴없이 저질렀다.

스티브 잡스처럼 괴팍한 성향을 가져야만 강점을 가질 수 있는 것은 아니다. 오히려 강한 성향일수록 그 부작용과 약점도 더 치명적일 수 있다. 잡스의 성공은 그의 성향에서 비롯되었지만, 그가 CEO 자리에서 쫓겨난 것도 많은 사람들의 원망과 저주를 산 것도 그 성향 때문이었다.

이처럼 성향은 마치 옷을 고를 때처럼 T.P.O.Time, Place, Occasion에 맞게 쓰면 강점이 될 수 있지만, 반대로 상황에 적절하지 못하게 사용하면 약점이 될 수 있다.

따라서 자신의 성향을 강점으로 만들려면, 성향이 언제 나와 타인에게 긍정적으로 쓰이는지 반대로 부정적으로 쓰일 때는 언제인지를 알고 변별력 있게 사용해야 한다. 이것을 아는 사람은 평범한 성향도 강점으로 만들 수 있고, 모르는 사람은 될 일도 그르친다.

성향을 강점으로 사용하기 위해서는 내 성격대로 했을 때 언제 유용했고 언제는 유용하지 않았는지를 다양한 사례를 찾아보며 복기할 필요가 있다.

이런 과정을 거친 후에는 나의 성향을 최대한 유용한 방향으로 사용하려면 언제 어떻게 사용해야 하는지 패턴으로 정리하고, 잘못된 방향으로 사용하지 않기 위해 주의할 점들 역시 패턴해두는 것이 좋다.

자신만의 공식처럼 정리할 수 있다면 성향은 얼마든지 강점이 될 수 있다. 성향을 상황별로 유용하게 쓸 수 있는 방법은 3장에서 자세히 다루겠다.

성향에 맞는 — 직업은 — 있다? 없다?

이직을 고민하고 있다며 나를 찾아오는 분들을 만나보면 보통
이렇게 말한다.

"지금 직업은 제 성향과 전혀 맞지 않는 것 같아요."
"제 성향과 꼭 맞는 직업이 어딘가에는 있겠죠?"

그러면 나는 이렇게 대답한다.

"그런 것 같죠? 하지만 성향에 맞는 직업도 맞지 않는 직업도 따로
없습니다. 자신에게 맞는 일의 방식을 알면 그 직업이 나와 맞는 것이고,
일의 방식을 모르면 어떤 일이든 나와 맞지 않습니다."

성적, 노력,
스펙은 알아도 — 정작 '성향'은 — 몰랐다니!

대부분의 사람들이 오해하는 것이 '나와 일이 맞지 않는다'는 생각이다. 하지만 그보다는 현재 '내가 일을 하는 방식'이 나와 맞지 않을 가능성이 더 크다.

의뢰인들을 만나보면, 한때 '업종 자체를 바꿔서 전직해야겠어요'라고 마음먹었던 사람들도 자신에게 맞는 업무 방식과 환경을 알게 된 후에는 그대로 직업을 유지하는 경우가 그 반대의 경우보다 더 많았다. 따라서 '나와 안 맞는 것 같다'라고 생각한다면 안 맞는 것이 직업인지, 아니면 일하는 방식과 환경인지 확인해볼 필요가 있다.

또 다른 오해는 '나에게 딱 맞는 직업은 따로 있다'는 생각이다. 보통 우리는 나에게 딱 맞는 직업을 천직이라고 표현한다. 하지만 나는 그 일을 '자신에게 맞는 방법'으로 할 수만 있다면 어떤 직업이든 천직이 될 수 있다고 생각한다.

최고의 축구 선수로 평가받는 리오넬 메시는 프로 축구 선수에 최적화된 몸이 아니었다. 그는 성장호르몬 결핍증에 걸려 키도 작았고 몸도 왜소했다. 부모는 치료비를 감당할 여력조차 없었다. 그에게 축구는 여러모로 천직과 거리가 멀었다. 그럼에도 치료비를 부담해줄 스폰서가 나타날 수 있었던 배경에는, 메시가 약점을 깨닫고 작은 키와 가벼운 몸에 걸맞은 민첩함, 그리고 세심한 컨트롤로 완성한 드리블과 볼 장악력을 키웠기 때문이다.

조금 더 우리에게 친숙한 예를 들어보자. 기업에서 컨설팅을 하다 보면 가장 자주 마주하는 편견이 영업사원에 대한 이미지이다. '말솜씨가 좋아야 한다' '술을 잘 마셔야 한다' '사람을 좋아하고 인맥이 넓어야 한다' '쾌활하고 외향적이어야 한다' 등 영업부서에서 일하는 사람들조차도 '영업사원은 이래야 한다'라는 선입견을 갖고 있다.

특히 강조하는 점이 '사람을 좋아하고 인맥이 넓어야 한다'는 부분이다. 하지만 막상 성향 진단을 해보면 이런 성향에 속하는 직원들은 소수이고, 경력이 오래된 부서장의 경우에도 이와는 다른 성향을 지닌 사람들이 더 많았다.

똑같은 영업 업무를 하더라도, 인맥이 넓고 새로운 사람과 어울리기 좋아하는 성향의 영업사원은 최대한 많은 잠재 고객을 모으고 그중 계약 가능성이 높은 고객 일부를 추려 계약을 성사시킨다.

반면 인맥이 넓지는 않더라도 기존의 관계에 깊이와 신뢰를 더해가기를 좋아하는 성향의 영업사원은 평소 행동과 태도로 고객에게 믿음을 얻어 일을 성사시킨다. 결론적으로 두 성향 모두 뛰어난 영업사원이 될 수 있고, 영업에 잘 맞을 수 있다.

만약 매니저가 이런 차이를 무시한 채 전자의 영업사원에게 기존 고객 유지 및 관리에 더 신경 쓰라고 보채거나, 후자의 영업사원에게 신규 고객 모집과 불특정 다수 대상의 세미나 등의 판촉 활동을 왜 더 열심히 하지 않느냐고 독촉한다면, 성과가 잘 나오기는커녕 두 사람 다 영업은 자신에게 맞지 않는 직업이라고 생각할 것이다.

나 역시 사업을 시작하면서 영업의 소질에 눈뜬 사람이다. 사실 나는 내가 절대 영업을 하지 못할 줄 알았다. 마음에도 없는 말, 남에게 아쉬운 소리를 하는 것에 반감이 들었던 탓에 영업은 나와는 전혀 상관없는 일이라 생각했다. 하지만 사업을 시작하고 고객 앞에서 말할 기회가 늘수록, 내가 사람들 앞에서 무언가를 설명하는 것을 좋아하고, 그들의 일상과 적합한 제품과 서비스의 우수한 점을 찾아내어 연결 짓는 것을 즐긴다는 점을 깨달았다. 그 사실은 어릴 때부터 수줍음이 많았던 내게는 충격적인 깨달음이었다. 관계로 맺어지는 영업은 여전히 나에게 어렵지만, 발표, 제안서, 논리적 설득을 활용하는 영업은 나만이 잘할 수 있는 종류의 영업 방식이라는 것을 발견한 것이다.

이 책을 읽는 분들은 선입견 때문에 자신에게 맞는 직업과 안 맞는 직업이 있다고 미리 선을 긋지 않기를 바란다. 나의 성향과 희망 직업에 대해 제대로 알아보고 어떤 형식으로든 직간접적으로 체험해본 후에 판단해야만 천직을 눈앞에서 발로 차버리는 실수를 막을 수 있다.

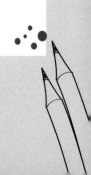

(**3장**)

'열심히'
일하지 마라,

(어제보다
더 '나답게')

일-하-라

페이스북의
강점
훈련

셰릴 샌드버그는 왜 '강점'에 주목했을까?

베스트셀러 《린 인》의 저자이자 페이스북의 COO(최고운영책임자) 셰릴 샌드버그. 그녀는 2001년 구글에 입사해 온라인 세일즈 및 운영 부서 담당 부사장을 맡은 후, 단 4명에서 시작한 팀을 4,000명으로 늘리며 구글의 폭발적인 성장에 기여한 인물이다.

2008년 마크 저커버그에게 스카우트된 후에는, 그녀는 명확한 수익모델이 없었던 페이스북에서 콘텐츠 속에 자연스레 스며드는 광고 기반의 수익모델을 만들어 2010년 창사 이래 처음으로 흑자 전환을 하는

데 중추적인 역할을 했다. 치열한 경쟁과 남성 중심의 분위기가 강한 실리콘밸리 IT 스타트업 업계에서 엄청난 업적을 이룬 그녀는 《뉴욕타임스》와의 인터뷰 중에 다음과 같이 말했다.

"한 사람이 모든 것을 잘할 필요는 없습니다. 우리는 강점 기반의 회사를 만들려고 노력합니다. 직원들이 본래부터 갖고 있는 강점에 집중하고, 사람에 맞춰서 업무를 설계하지 일에 사람을 맞추려 하지 않습니다."

이 대목에서 나는 그녀가 '강점'을 정확히 이해하고 있다는 사실을 알 수 있었다. 그녀가 한 말의 핵심을 뽑으면 이렇다.

사람은 누구나 다르고
(각자가 원하는 것도, 맞는 방식도 다 다르다.)

모든 것을 잘할 수 없기 때문에
(누구나 강점이 있으면 거기서 비롯되는 약점도 있다.)

사람을 바꾸기보다는 있는 그대로 잘 쓰자.
(강점에 맞게 일하는 방식도 맞춰야 한다.)

즉, 페이스북에서는 개개인의 성향을 존중하고, 어떤 성향이든 강점과 약점이 늘 공존한다는 것을 인지하며, 성향을 최대한 긍정적인 방향으로 쓰도록 일과 환경을 유도한다는 말이다. 이는 성향이 어떻게 강점으로 연결되는지 그 메커니즘을 잘 파악하고 있기 때문에 할 수 있는 말이다. 온갖 자극적인 양념으로 범벅해서 모든 재료를 같은 맛이 나게 만드는 것이 아니라, 재료 본연의 맛을 최대한 살리는 셰프의 마음과 같다고 할 수 있다.

실제로 페이스북에서는 말단 사원부터 CEO인 마크 저커버그까지 전 직원이 강점을 진단하고 서로 그 결과를 공유한다. 채용 단계에서도 먼저 역할을 정하지 않고 일단 고용한 후에 강점에 맞춰 직무, 업무, 소속 등을 맞춤형으로 디자인하고 있다.

셰릴 샌드버그와 페이스북이 이처럼 개인의 강점에 집중하는 이유는 무엇일까?

일에 사람을 맞추다 ⇒ 사람에 일을 맞추다

그 힌트는 셰릴 샌드버그가 이전에 몸담았던 구글에서 찾을 수 있다. 실리콘밸리 기업문화에 혁신을 일으켰던 구글은 기존 기업과는 다른 업무 환경을 제공하기로 유명하다.

전문 요리사가 하루 세 끼를 제공하는 카페테리아, 원하면 언제든 낮잠을 자고 탁구를 치며 마사지를 받을 수 있는 사무실, 업무 분량 중 20%는 개인적으로 관심 있는 프로젝트를 시도해보기 등 구글은 기존과는 완전히 색다른 기업문화를 만들어냈다.

지금까지 우리 사회는 한곳에 모든 직원들을 몰아넣고, 아침 9시부터 오후 6시까지 같은 스케줄, 같은 방식대로 일해야만 사람이든 실적이든 제대로 관리할 수 있다고 믿어왔다. 하지만 구글은 이런 편견을 깨고 자유로운 업무 환경에서도 성공할 수 있다는 모범 사례를 만들어낸 것이다. 또한 자유로운 조직문화는 투자대비효율 면에서도 그 효과가 훨씬 높았다.

이런 과정을 몸소 겪은 샌드버그는 각자에게 맞는 업무 패턴과 효율이 존재한다는 확신을 얻었다. 또한 그녀는 남성 중심의 스타트업 사회에서 여성이 할 수 없다고 일컬어지던 일을 자신만의 방법으로 극복하고 성취한 경험이 있었다. 이런 경험을 바탕으로 그녀는 모든 직원이 각자에게 맞는 방법으로 일하는 자유와 권한을 주는 것이 매우 중요하다고 인식한 것이다.

구글의 기업문화가 화제가 되었을 때 국내 기업들도 너 나 할 것 없이 유사한 문화를 도입했지만, 외형만 베껴왔을 뿐 본질적으로 달라진 것은 없다는 비난을 면치 못했다. 그러나 제니퍼소프트처럼 근본적으로 새로운 기업문화를 선보이는 회사가 IT와 스타트업 업계에서 늘기 시작했고 그 분위기는 타 산업군에도 확산되는 추세다.

카카오 역시 그런 기업 중에 하나다. 특히 카카오는 전사적으로 '강점 기반 조직문화'의 도입을 논의할 정도로 개개인의 특성을 살리는 데 관심을 기울이고 있다.

카카오는 특정한 인재상을 정해 구성원들에게 그에 맞는 모습을 강요하지 않는다. 다양한 강점을 가진 인재들이 모여 몰입해서 일하고, 그 다양한 특성들이 일에 반영되고 일하는 방식으로 나타나 성과로 연결 될 수 있는 모습을 기대한다. 카카오의 일하는 방식How To Work Together 11 에는 다음과 같이 '일에 몰입할 수 있는 방식은 서로 다릅니다'라는 항목 이 있다.

일에 몰입할 수 있는 방식은 서로 다릅니다. 개발자, 기획자, 마케터, 디자이너, 여자 사람, 남자 사람. 우리는 모두 다른 존재이기에, 서로가 소통 하고 일하는 방법이 완전히 다르다는 것을 인정하고 이해하고 있습니다. (중 략) 우리는 각자에게 맞는 방식으로 일할 때 가장 높은 성과를 낼 것이라고 믿습니다.

이만큼 강점 기반의 조직문화를 여실히 보여주는 문장은 없을 것 이다. 이 외에도 카카오는 직급 없이 영어 이름을 부르고, 불편함을 감수 하고 솔직하게 의견을 제시할 수 있는 '신뢰-충돌-헌신'의 문화를 지향하는 등 수평 커뮤니케이션을 기반으로 개인의 강점을 발휘할 수 있는 환경을 적극적으로 만들어나가고 있다.

하지만 안타깝게도 모든 회사가 개인의 강점을 키워주지는 않는다. 소수의 몇몇 회사만이 페이스북과 카카오처럼 사람에게 맞춰 일을 할 수 있도록 이끌 뿐, 대부분의 회사는 일에 사람을 맞추는 식이다.

그렇다고 좌절하지 말자.

회사가 나서서 개발해주지 않더라도, 나 스스로 강점을 직접 발굴하고 다듬어나갈 수 있다. 어차피 이제 회사에서 일하는 방법을 일일이 알려주는 시대도 지났다. 나에게 맞는 업무 방식, 내가 효율적으로 일하기 위해 필요한 것들은 스스로 깨닫고 그에 맞도록 적용하는 시대가 왔다.

사서 지망생이
왜
비서가
됐을까?

"열심히 살았는데 딱히 잘하는 게 없어요"

내가 진행하는 커리어 설계 워크숍에는 여러 케이스의 사람들이 찾아온다. 연령대도 다양하고 직종 역시 사무직에서 현장직까지 각양각색이다.

한 달 동안 주말마다 두 시간씩 진행되는 강의인데도 그들은 휴일의 느긋함을 애써 떨치고 수업을 들으러 온다. 그런 그들에게 나는 첫 시간에 꼭 이 질문을 던진다.

"여기에 왜 오셨나요?"

그러면 대부분의 사람들은 "저는 남들에 비해 딱히 잘하는 게 없어서 제가 잘하는 걸 찾고, 그 강점을 잘 살릴 수 있는 직업이 무엇인지 알고 싶어서 왔어요"라고 답하는 편이다.

이렇듯 일반적으로 사람들은 '강점이란 내가 잘하는 것이나 좋은 점이다'라고 은연중에 생각한다. 하지만 자신의 강점을 '능력이나 장점'의 관점으로만 평가하다 보면, 진짜 강점을 제대로 보지 못한다.

나이가 어리거나 직급이 낮은 사회 초년생일수록 그 부작용은 더 심하다. 아직 잘하는 게 별로 없고 그것이 당연한 시기인데, 오랜 세월 실력을 쌓고 다듬어온 선배와 자신을 비교하며 스스로 강점이 없다고 생각하는 것이다.

이 역시 점수와 등급으로 개인을 평가하는 입시제도식 사고에서 벗어나지 못한 탓이다. 앞서 이야기한 '영어를 잘한다고 영문과에 가면 안 되는 까닭'을 떠올려보면 알 것이다. 객관적 지표는 그동안 얼마나 나에게 맞는 방식으로 노력했는가에 대한 결과물이지, 그 자체가 나의 강점이 되지는 않는다.

그렇다면 무엇이 강점일까?

진정한 강점이란 '좋은 결과물을 낼 수 있도록 나를 이끌어준 방식'이다. 즉, '자신이 가장 효율적으로 일할 수 있는 방식'이야말로 그 사람의 잠재력이자 강점이라고 할 수 있다.

강점은 '내가 일하는 방식'에 있다

내가 커리어 컨설팅을 시작했을 당시 첫 의뢰인은 문헌정보학과 출신이었던 20대 후반의 여성이었다. 문헌정보학과는 보통 사서를 지망하는 사람들이 전공하는 학과다. 그녀는 대학 시절 다른 학생들처럼 공모전 수상을 하거나 대단한 프로젝트에 도전해본 적도 없었고, 복수전공을 하거나 여러 자격증을 보유하지도 않았다.

그런 그녀의 강점이 무엇이냐고 사람들에게 물으면 보통은 대답하기 힘들어한다. 또 그녀의 강점을 살리는 일이 무엇인지를 물으면 당연하다는 듯 전공인 문헌정보 관리를 이야기한다. 특출나게 잘하는 것도 없고, 다른 전문 분야의 지식이나 경험도 없으니 전공 분야에서 일하는 것이 가장 직관적인 커리어라고 생각하는 것이다.

하지만 그녀는 사서가 되지 않았다. 그녀는 비서가 되었다. 그것도 본인의 강점을 살려서 말이다. '도서관에서 일하는 사람'과 '기업에서 일하는 사람', '조용히 책을 관리하는 일'과 '끊임없이 다른 사람을 보조하는 일'. 사서와 비서를 비교했을 때 그 업무와 일의 성격은 천지 차이로 보인다. 이런 선택을 한 그녀의 강점은 과연 무엇이었을까?

사실 그녀의 강점은 전공학과도, 사서 자격증도 아니었다. 그보다는 그녀가 '평소에 사고하고 문제를 해결하는 방식'에 강점이 숨어 있었다. 그녀의 성향과 커리어를 분석한 결과, 그녀가 가장 효율적으로 일하는 방식은 '체계적으로 정보를 수집·정리·요약하는 일'이었고, 그녀가 가장 잘하는 일은 '상대방의 니즈에 맞게 정리한 자료를 제공하는 것'이었다.

사서 지망생의 강점

체계적으로 정보를 수집·정리·요약하는 일

상대방의 니즈에 맞게 정리한 자료를 제공하는 것

이런 능력은 그녀가 문헌정보학과를 나왔기에 갖추게 된 '능력'이 아니다. 그보다는 이미 이전부터 그녀가 세상을 바라보고 문제를 해결하는 자연스런 '삶의 방식'이었을 가능성이 높다. 그런 사람이기에 누군가는 지루하다고 생각하는 문헌정보학과 수업이 그녀에게는 흥미롭고 잘 맞았던 것이다.

그녀가 현재 비서가 되었다고 해서 그녀의 강점이 달라지는 것도 아니다. 앞으로 어떤 직업을 갖고 어떤 업무를 하든 그녀가 활용하게 될 강점은 이력서에 적혀 있는 전문 분야나 특정 지식 혹은 스킬이 아니라, 체계적으로 정보와 과제에 접근하고 타인의 요청과 의도에 충실하게 대응하는 방식일 것이다.

그녀처럼 자신의 강점을 아는 사람은 낯선 영역과 더 높은 단계에 도전할 때 어떻게 나만의 자원을 활용해 적응하고 성과를 낼 수 있을지 알고 있다. 그에 비해 단순히 관련 지식이나 기술을 쌓는 것만으로 성과를 냈던 사람은 그 분야와 수준을 벗어나면 무엇을 어디에서부터 시작할지 몰라 당황한다.

특출난 능력이나 스펙이 없다고 해서 강점이 없다고 낙담하지 말자. 하기 싫은 일이지만 경력을 쌓기 위해 억지로 일하는 실수 역시 범하지 말자.

강점은 '내가 일하는 방식'에 있다는 사실을 잊지 말고, 분야를 막론하고 평소에 나는 어떻게 일할 때 가장 효율적이라고 느끼고 만족스러운 성과를 냈는지 과거 사례에서 그 공통분모를 찾아 다양한 상황에 적용해보자. 용도와 범위가 제한되어 있는 학위나 자격증 같은 스펙보다 어떤 상황에서든 효율과 성과를 내는 자신만의 방법을 알고 있는 것, 그게 진짜 경쟁력이고 생존력이다.

약점
안에서
강점 찾기

약점을 없애려다 강점까지 버리는 꼴

강점을 '내가 잘하는 것'이라고 착각할 때 발생하는 또 하나의 문제가 있다. 바로 약점을 버리게 된다는 점이다.

우리는 사실 자신의 강점보다 약점을 더 잘 알고 있다. 부모님이나 주변 사람, 학교와 직장에서 나를 평가하는 기준은 항상 내가 갖고 있는 결점들이었고, 이를 고쳐야 더 나은 평가를 받을 수 있었다. 그로 인해 우리는 늘 약점을 버려야 한다고 배워왔다.

한국인의 정서를 지배하는 유교에서 말하는 수양론에서도 가장 선행되어야 하는 것은 자신을 닦는 일(修身)이고, 집안과 나라를 다스리는 일은 그다음이다. 문제는 자신을 갈고닦는 과정에서 약점은 쓰레기통에 버리고 강점만 남겨둬야 더 나은 사람이 될 수 있다는 생각이다. 이는 실로 엄청난 착각인데, 약점을 버리는 순간 나의 강점도 쓰레기통에 딸려 들어가 버리기 때문이다.

사실 강점과 약점은 동일한 성향 속 양면의 모습이다. 동전의 양면처럼 항상 같이 따라다니는 존재다. 따라서 약점을 버리는 것은 나의 강점도 버리는 결과를 낳고, 궁극적으로는 나를 버리는 셈이 되고 만다.

약점을 뒤집으면 강점이 보인다

어떤 약재든 대상과 상황에 맞게 적당량을 사용하면 약이 되고 그렇지 않으면 독이 된다. 성향도 그 적용 대상과 상황에 따라 약점이 강점이 될 수 있고, 강점이 약점으로 바뀔 수 있다.

"그 사람은 참 천성이 게을러."

게으름과 일을 미루는 성향은 우리나라를 비롯한 대다수의 나라에서 고쳐야 할 대표적인 약점 중 하나로 꼽힌다. 하지만 유능한 사람 중에는 오히려 미루는 습관을 가진 사람이 많다는 사실을 아는가?

스티브 잡스와 빌 클린턴은 연설문을 미루다가 발표 직전에 고치는 것으로 유명했다. 건축가 프랭크 로이드 라이트는 1년 동안 작품을 미루다가 더 이상 참지 못한 의뢰인이 찾아와서 디자인을 요구하자 마지못해 그 자리에서 그렸는데, 이는 미국 역사상 가장 아름다운 집으로 꼽히는 낙수장Fallingwater이 되었다.

드라마 〈뉴스룸〉과 영화 〈소셜네트워크〉 〈머니볼〉의 각본을 쓴 에런 소킨은 한 인터뷰에서 자신의 미루는 습관에 대한 질문에 "혹자는 미루기라고 부르지만 난 '생각 중'이라고 부른다"라고 답했다.

실제 '미루기는 약점이다'라는 통설에 반박하는 과학적 실험도 있다. 펜실베이니아대학교 애덤 그랜트 교수의 연구팀은 주어진 과제가 무엇인지 아는 상태에서 의도적으로 할 일을 미뤘을 때 실험 대상자들이 더 다양하고 창의적인 아이디어를 낸다는 것을 확인했다.

만약 이들이 자신의 약점을 고치려고 죽기 살기로 노력하고, 마음에 드는 아이디어가 나오기를 기다리기보다 마음에 들지 않더라도 기한 전에 미리 완성하는 것에 초점을 맞췄다면 지금 같은 명작을 만들어낼 수는 없었을 것이다. 그들은 자신의 약점을 버리지 않고 이를 긍정적으로 활용하는 방법을 찾은 사람들이다.

앞면　　　　뒷면

　　물론, 기한 내에 완수하는 것이 더 중요한 일이라면 굳이 미룰 필요가 없다. 앞에서도 말했지만, 어떤 성향이든 적절한 상황에서 쓰면 강점이 되고 그렇지 못하면 약점이 된다. 다만 현재 상황에서 약점이라고 생각해 모든 상황에서 그 사용을 억제한다면 강점으로 활용될 수 있는 여지까지 잃을 수 있다는 것이다.

　　분명 살면서 그 약점 때문에 손해 보는 경우도 있을 것이다. 하지만 한편으로는 내가 거둔 성공이나 그나마 여기까지 올 수 있었던 배경에는 약점의 이면에 있는 강점 덕분이었을 확률이 매우 높다.

　　'성격이 급하고 덤벙대다가 실수를 자주 한다' '너무 내성적이어서 팀장을 맡기에는 부족해' 등등 약점이라 생각하는 점이 있다면 그것을 강점으로 바꿀 수 있는 방향으로 일과 환경을 고민해보자.

　　강점과 약점은 '이게 좋다, 저게 좋다' 딱 잘라 구분 지을 수 없는 복합 개념이다. 나라는 존재에는 긍정적 부분과 부정적 부분이 공존한다. 그리고 상황에 따라 긍정적인 것이 부정적이 될 수 있고, 그 반대가 될 수 있다.

어쩌면 가장 평범하고 보잘 것 없어 보이는 나의 성향에 강점이 숨어 있을지도 모른다. 자신의 강점이 무엇인지 모르겠다면 일단 약점부터 뒤집어 생각해보는 것을 권하고 싶다. 내가 바로 동화 속 미운 오리 새끼였을지도 모르는 일이다.

타인에게 지적받았던, 혹은 스스로 약점이라고 여겼던 것들부터 적어보자. 그 다음 약점의 이면에는 어떤 강점이 숨어 있는지 반대편에 적어보자. 지금까지 혹이라고 생각했던 나의 약점이 아름다운 강점으로 쓰일 역할과 집단이 어딘가에 존재할 것이라는 믿음을 잃지 말자.

나는
이 회사의
적자인가?

목이 긴 기린이 살아남은 이유

강점을 가장 잘 표현하는 단어 하나를 고르라면 나는 적자생존適

者生存을 꼽고 싶다. 중학생 시절 생물 수업에서 배운 적자생존만큼 '강점

이 무언인지, 강점을 어떻게 활용해야 하는지'를 여실히 보여주는 단어

는 없다.

그럼에도 수많은 사람들이 적자생존의 개념 자체를 잘못 이해하

고 있다. 적자생존을 '강한 놈이 경쟁에서 살아남는 것' '약한 놈은 도태

되어 멸종되는 것'이라고 생각하고는 한다. 뿌리 깊은 오해의 결과, 우리

는 생존하기 위해서는 강자가 되어야 한다는 세뇌에 빠져 끊임없이 노력을 반복하고 있다.

1859년 찰스 다윈의 책 《종의 기원》에서 소개된 적자생존을 뜻하는 영어 표현은 'survival of the fittest'다.

survival　+　of the　+　fit　+　(t)est
(생존)　　　　(것의)　　　(맞는)　　(가장 잘)

직역을 하면 '가장 잘 맞는 것의 생존'이라는 뜻이다. 즉, 주어진 환경에 가장 적합한 개체는 살아남고 부적합한 특성을 지닌 개체는 도태된다는 것이 올바른 적자생존의 개념이다.

풀과 나무로 울창했던 아프리카 대륙이 사막화되면서 키가 큰 나무들만 남게 되었다. 그러자 목이 긴 기린은 살아남고, 목이 짧은 기린은 살아남지 못했다. 기린이 변화하는 환경에 맞춰 경쟁을 하면서 목이 길어진 것이 아니다. 다양한 목 길이를 지닌 기린들 중 원래 목이 길었던 기린만이 운 좋게도 변화한 환경에 적합했던 것뿐이다.

그야말로 살아남은 놈이 강한 것이지, 강한 놈이 살아남은 게 아니다. 아프리카가 사막화되지 않았다면 목이 긴 기린은 목이 짧은 기린보다 먹는 양에 비해 에너지 소모가 커서 반대로 도태되었을지 모른다.

노력 대비 형편없었던 루디의 끈기

개인의 강점도 마찬가지다. 무조건 열심히 살고 강해지는 것만이 생존과 성공을 보장하지 않는다. 내가 갖고 태어난 성향이 유익한 일이나 환경과 만날 때 생존할 수 있으며, 경쟁에서 이기고, 성공할 수 있다.

《위대한 나의 발견 강점 혁명》에는 강점이 적합한 곳에 쓰이지 않았던 대표적 예로 루디 루티거라는 인물을 소개한다.

루디는 23세의 노트르담 경기장의 관리인으로, 1993년에 개봉한 영화 〈루디 이야기〉의 주인공이다. 그의 키는 겨우 167센티미터이고 체중은 75킬로그램으로 누가 봐도 대학 미식축구 경기에서 뛸 만한 신체 조건이 아니었다. 하지만 축구에 대한 그의 열정만큼은 뜨거웠다.

그는 세 번의 낙방 끝에 바라던 미식축구 연습팀에 들어갈 수 있었다. 그러나 2년 동안 단 한 번의 경기에도 출전하지 못했다. 졸업반 해의 마지막 경기에서 승리가 이미 확실해졌을 때 비로소 그는 동료들의 요청으로 경기복을 입을 수 있었고, 경기 종료 몇 초를 남기고 상대팀의 쿼터백을 태클하는 데 성공했다. 이 극적인 순간을 만든 루디는 영웅이 되었고 훗날 백악관에 초청받기도 한다.

이 책의 저자 도널드와 톰은 루디의 끈기는 대단하지만, 결과로만 보면 수천 시간의 훈련 끝에 대학 미식축구 경기에서 단 몇 초를 뛰고 단 한 번의 태클만을 성공했을 뿐이라고 말한다. "노력하면 된다"라는 신화에서 벗어나 그 이면을 보면 '노력 대비 형편없는 결과'라고 할 수 있다. 즉, 루디는 자신의 강점을 제대로 모른 채 적합하지 않은 환경에서 최대한의 에너지를 쏟은 것이나 다름없다.

이제 내가 현재 하고 있는 일과 속한 업계, 환경을 되돌아보자. 나는 과연 그곳에서 '적자'인가? 만약 아니라면 나는 엉뚱한 곳에서 결말이 뻔히 보이는 소모적 생존 경쟁을 하고 있는 것이다.

"가장 나다운 것이 가장 효율적인 것, 가장 강한 것"이라는 말은 단순히 당신을 위로하기 위해 만들어낸 말이 아니다. 이미 지구의 역사를 통해 증명된 이론이다. 물론 당신이 진화론을 믿지 않는다면 그냥 열심히 살면 된다.

하지만 왜 똑같이 노력했는데 저 사람만 잘 풀리느냐고 억울해하지 마라. 그 사람은 적자생존의 원리를 알고 자신에게 적합한 일과 환경을 찾은 사람이니까.

강점은
'다름'에서
나온다

남들 다 따는 자격증, 다 쌓는 스펙 더 쌓아야 할까?

학교에서는 모든 학생이 같은 내용을 공부하고 같은 시험을 본다. 이런 시스템 안에서는 개인의 가치를 점수로 평가하기 때문에 같은 점수를 받더라도 누가 새로운 방법을 시도했거나 효율적인 방법을 찾아냈는지 알기 어렵고, 관심의 대상도 아니다.

반면 사회에서는 어떨까?

사회는 학교와는 다른 규칙이 적용된다. 단순히 얼마나 높은 점수를 받았는가로 개인의 가치를 평가하지는 않는다. 그보다는 어떤 '교환 가치'를 갖고 있느냐로 평가된다.

즉, 누군가 나에게 돈을 주고 내 능력, 지식, 서비스 등을 활용할 때, 희소성이나 공급 대비 수요가 높을수록 그 대가는 커진다. 다시 말하면 '나만이 할 수 있는 일' 혹은 '많은 사람을 필요로 하지만 인력이 부족한 경우' 나의 가치는 높아진다.

결론은 사회에서 요구하는 경쟁력, 차별성, 창의력은 각자만의 '자기다움', 즉 '다름'에서 나오는 것이지 누가 더 열심히 하느냐로 결정되지 않는다는 것이다. 누구나 할 수 있는 방식으로 누구나 할 수 있는 일을 하는 사람의 가치는 낮을 수밖에 없다.

내가 하고 싶고, 잘할 수 있는 일을 한다

나영석 PD만큼 남들과 다른 예능 노선을 간 사람은 없을 것이다.

TV 칼럼니스트 이승한 작가는 자신의 책《예능, 유혹의 기술》에서 나영석 PD에게는 단 한 가지의 원칙이 있다고 말했다. 바로 '트렌드에 휩쓸리는 대신 내가 하고 싶고 잘할 수 있는 것을 한다'는 것이다.

그의 말에 따르면 나영석 PD가 CJ E&M으로 이적했던 2012년 초에는 Mnet 〈슈퍼스타K〉, SBS 〈K팝스타〉, MBC 〈우리들의 일밤-나는 가수다〉 등 오디션 프로그램이 성공하면서 방송에 경쟁과 생존의 포맷을

끌어들이는 것이 대세였던 시절이었다.

하지만 그는 1년에 가까운 시간 동안 침묵을 지키다가 〈꽃보다 할배〉를 내놓는다. 대단히 새로운 걸 들고 나올 것이라는 기대와는 달리 〈1박 2일〉의 연장선상이자 자기복제라는 의심을 산다.

하지만 이승한 작가는 나영석 PD가 시대의 조류에 자신의 행보를 맞춘 것이 아니라 자신이 걷고자 하는 방향으로 걷기를 고집한 결과물을 내놓은 것이라고 말한다. 트렌드가 어떻게 흘러가느냐와 무관하게 자신이 잘할 줄 아는 예능, 한없이 일상에 가까운 예능을 고집함으로써 PD로서 지금의 명성을 얻게 되었다는 것이다.

나는 성향 분석을 통해 나영석 PD가 만든 프로그램의 공통점을 분석해보았다. 그 결과, 그의 신념은 그가 만드는 프로그램과 출연진을 대하는 태도에서도 여실히 드러난다는 사실을 알 수 있었다.

첫째, 제작진과 출연자 개개인의 특성과 성향을 파악하고 이를 프로그램에 백분 살려낸다.

둘째, 서로 성향이 다른 출연자 간의 갈등을 유의미한 토론으로 만들어 다양한 해결책을 찾는다.

셋째, 각 출연자의 장단점과 성향에 따라 성장 방향, 동기, 방법을 맞춤화한다.

그는 자신이 가장 잘할 수 있는 일을 하는 것은 물론, 자신이 이끄는 사람들도 그들이 가장 잘할 수 있는 것을 찾고 거기에 집중할 수 있는 환경을 만들어주는 일관된 모습을 보여주었다. 이것이 바로 그가 '나영석표 예능'을 만들어내고 업계 최고 대우를 받는 제작자가 될 수 있었던 비결이 아닐까?

아직도 자신의 경쟁력을 기른다고 남들이 다 하는 공부, 남들이 다 따는 자격증, 남들이 다 쌓는 스펙을 위해 노력해야 한다고 생각한다면 불안한 감정이 이성을 압도하고 있다고 할 수 있다.

물론 한국사회에서 남들과 달라진다는 것은 상당한 용기가 필요한 일이다. 하지만 매번 같은 행동을 하면서 다른 결과가 나오기를 바라는 것은 미친 짓이라는 아인슈타인의 말처럼, 남들과 똑같은 방법으로 경쟁하면서 남들보다 앞서가기를 기대하는 것 또한 별반 다르지 않은 일일 것이다.

당신은
이미
강점을
쓰고 있다

누구나 강점은 있다! 발견하지 못했을 뿐

지금까지 이 책을 읽은 독자라면 "그렇다면 내 강점은 뭐지? 어떻게 찾을 수 있지?"라는 고민에 빠질 것이다. 자신의 강점을 매의 눈으로 찾겠다는 투지는 좋지만 그런 마음은 내려놓아도 좋다. 다행히 우리는 이미 강점을 사용하고 있기 때문이다. 강점을 무엇인가를 잘하는 '능력'의 개념으로 생각했기 때문에 강점을 강점이라고 생각하지 못했을 뿐, 누구에게나 강점은 있고 그것을 충분히 사용하고 있다.

자신의 강점을 활용하고 극대화하기 위해서는 다른 사람의 방법을 모방하는 게 아니라, '평소에' 내 성향 중에서 나에게 긍정적인 결과를 가져다준 사고방식과 행동 패턴을 찾아보는 것이 좋다. 그리고 그것들을 효율적으로 활용하는 방법을 찾는 것이다. 여기에서 핵심은 '평소에'다. 강점은 사소한 일상에 숨어서 늘 발현되고 있기 때문이다.

이해가 힘든 분들을 위해 예를 들어보겠다. 목표를 세우고 하나씩 달성해 나가는 것을 유난히 좋아하는 사람들이 있다. 이들의 유형을 '목표 달성형'이라고 하자. 목표 달성형은 여행을 갈 때 장소와 투두 리스트를 적어놓고 모든 항목을 완수했을 때 제대로 여행했다고 여긴다. 취미로 하는 요가도 강사 자격증을 목표로 열심히 하고, 영화제에 가서도 최대한 많은 영화를 보려고 한다.

만약 당신이 이런 성향을 지닌 사람이라면 그 성향은 일에도 분명 반영될 것이다. 일을 할 때, 그날의 할 일 목록을 적어놓고 하나씩 지워나가는 것에 쾌감을 느끼고, 승진해서 직급이나 연봉을 한 단계 올리는 것이 회사생활의 큰 낙이다. 인생에서도 늘 다음 단계를 정해놓고 그것에 도달하기 위해 노력하는 사람이다.

그와 반대로 '과정 중시형'의 사람들이 있다. 그들은 여행에서 꼭 가야 할 곳을 정하지 않는다. 현지인 사이에 섞여 하루 종일 카페에 앉아 책을 읽거나, 아침 출근길에 도심으로 들어가는 지하철을 타는 것에 만족스러워 한다. 하나의 운동을 전문가 수준으로 하기보다는 다양한 운동을 즐기고, 사회에서도 여러 직업을 가졌던 것이 흠이 아니라 폭넓은 경험이라고 받아들인다.

　　이런 성향의 사람은 일을 할 때도 정해진 계획대로만 따르지 않고 새로운 경험을 쌓을 기회가 생기면 스스럼없이 도전한다. 퇴근 후에는 업무와 직접적인 연관이 없는 분야의 공부나 체험을 하러 간다. 승진보다는 다양한 영역에서 새로운 경험을 쌓거나 자기계발을 위한 기회를 제공해줄 때 더 신나한다.

목표 달성형　　　　　　　과정 중시형

　　위의 두 가지 유형의 사람들처럼, 평소에 내가 삶을 대하는 태도, 여행하는 스타일, 문제를 해결하는 방식, 만족을 느끼는 순간, 동기로 삼는 보상, 목표를 설정하는 방법 등을 관찰해보자.

　　그러다 보면 내가 업무를 할 때 적용하는 방법론이나 요령과 닮은 부분이 있다는 것을 깨달을 것이다. 평소에 사소한 일상에서 무언가를 생각하고, 처리하고, 해결하고, 결정할 때 그것을 어떻게 하는지 패턴을 잘 관찰해보라. 그 패턴 자체가 나에게 가장 잘 어울리고 효율이 높은 방법이며, 내 성향에서 비롯된 강점이다.

다시 한 번 강조하지만, 강점은 무엇what을 잘하느냐가 아니다. 그 일을 어떤 방식how으로 하는가, 왜why 그렇게 했는가에 강점이 존재한다. 강점은 지금까지 내가 해온 모든 행동, 생각, 감정 반응에 깃들어 있다. 이런 강점은 분명 지금까지 살아오면서 다양한 상황에서 나에게 도움이 되었을 것이다.

강점의 패턴을 찾고 앞으로 해야 할 일에 어떻게 적용할지를 스스로 고민하는 것이 바로 자신의 강점을 극대화하는 방법이다. 자꾸 멀리서 찾지 말자. 당신은 이미 매일 강점을 사용하며 살고 있다.

잘하는 것과 ― 좋아하는 것 중
뭘 해야 할까?

　　사람들에게 무엇을 잘하느냐고 물어보면 성인들조차 외국어나 수학 등 교과목으로 답하거나, 엑셀 다루기나 발표 등 직장에서 했던 일 중에서 능숙한 것을 고른다. 본인이 자발적으로 찾아서 배우고 잘하게 된 것을 말하는 사람은 극히 일부다.

　　같은 질문을 외국에서 던져보면 어떨까? '다른 사람을 잘 웃게 한다' '강아지와 잘 놀아준다' '손으로 칠판에 완벽한 원을 그릴 수 있다' 등 우리가 쉽게 예상하지 못하는 대답을 내놓는다.

　　실상이 이렇다 보니, 한국에서는 내가 잘하는 것이 곧 나라는 사람을 말해주는 경우가 별로 없다. 반면 취미는 일과 공부에 비해 내가 탐색할 수 있는 자유가 상대적으로 많다. 따라서 좋아하는 일은 취미에서 찾고, 잘하는 일은 일에서 찾다 보니 대부분의 한국인이 좋아하는 것과 잘하는 것의 영역이 겹치기 어렵다.

　최근에는 직장인들이 여가 시간에 목공이나 요리, 사진, 춤을 취미로 시작해서 수준급 실력을 갖추는 모습을 흔히 볼 수 있다. 혹자들은 취미생활을 전업으로 바꾸는 용기를 내어 주변의 부러움을 사기도 한다. 영혼 없이 집과 회사를 오가는 직장인의 입장에서는 "나도 때려치우고 좋아하는 일을 시작해야 하는 게 아닐까?" 하는 생각이 들기도 하지만 사실 쉬운 결정은 아니다. 결국 '해야 하는 일(혹은 잘하는 일)'과 '좋아하는 일' 사이에서 왔다 갔다 하며 도돌이표 고민만을 할 뿐이다.

　'좋아하는 것'과 '잘하는 것' 둘 중 무엇을 고르는 게 옳은 선택일까? 수백 명의 사람들을 만나고 커리어를 상담하며 내가 내린 결론은 좋아하는 것을 택하라는 것이다.

　지금의 2030 세대는 직업의 세계에서 다양한 경험과 탐색을 할 기회가 거의 없었기에 자신이 잘한다고 확신할 수 있는 영역이 너무 좁다. 반면 자신이 좋아하는 일은 누가 시키지 않아도 자발적으로 즐겁게 할 수 있는 일이다. 그렇다 보니 지금 당장은 큰 성과를 내기 어려울지 몰라도, 어느 정도 시간과 노력을 투자하고 경험이 쌓이면 좋아하는 일도 잘할 수 있는 여지가 충분하다. 또한 내가 직접 선택한 일이기 때문에 꾸준히 열심히 한다면, 최소한 남이 시켜서 잘하게

된 일보다는 결과가 더 좋을 것이다.

주의할 점은, 잘하는 것이든 좋아하는 것이든 그 행위나 환경의 특성이 내가 매일 반복하는 업무의 특성과 연결되는 것이지, 그 분야나 영역 자체가 특정 직업으로 이어지는 것은 아니라는 점이다. 영어를 잘한다고 통번역 일을 고민하거나, 취미로 요리를 좋아한다고 셰프로 전직할 필요는 없다.

내가 무언가를 잘하게 되었거나 좋아한다면, 나의 어떤 성향이나 강점과 연결되었기 때문인지, 또 이런 성향과 강점을 내가 관심 있는 직업과 분야에 적용하면 어떤 모습일지 고민해봐야 한다.

예를 들어 요리를 할 때 레시피를 실물로 구현해내는 과정이 즐거운지, 내가 만든 요리로 다른 사람들을 행복하게 해줄 때 즐거운지 이유를 구분할 수 있어야 한다. 만약 전자처럼 무언가를 현실화하는 것이 즐거운 사람이라면 주방뿐 아니라 화학 실험실에서든 건축 사무소에서든 즐거울 수 있다. 후자처럼 자신이 만든 것으로 타인에게 행복을 주는 것이 즐거운 사람이라면 요리가 아니라도 광고 회사에서 마음을 움직이는 광고를 만들거나 공방에서 액세서리를 만들어 팔아도 즐거울 수 있는 확률이 높다.

이렇게 어떤 특성을 갖고 있는 업무가 나와 잘 맞을지에 대한 방향성과 기준이 명확해야 성향과 강점을 직업 선택에 반영할 수 있다. 그 구체적인 방법은 4장에서 소개하겠다.

20~30년 동안 입시와 취업을 위해 온갖 공부만 해온 사람이 특정 과목이나 공부에서 두각을 나타내는 것은 어쩌면 당연하다. 그것 말고 잘하는 게 없는 것도 자연스러운 일이다.

다만 현재 잘하는 것에 자신의 가능성을 제한하지 말고, 미래에 내가 잘하는 경지에 오를 수 있는 일로 가능성을 넓혀보자. 즐기면서 오랫동안 할 수 있는 일을 배워보는 것이다.

물론 좋아하는 일을 직업으로 삼으려면 시간과 노력이 필요하다. 지금 잘하는 것이 과거 십수 년의 노력으로 이루어진 결과였던 것을 잊지 말자. 좋아하는 일 역시 그만큼의 정성이 필요한 법이다. 하지만 스스로에게 일의 의미를 되새기게 하고, 성취감도 느낄 수 있는 세상에서 가장 가치 있는 투자일 것이다.

(4장)

나답게 일한다, 하나

(일상
설계자가)

되-는-법

일상
설계자가
되어라

나는 왜 회사만 오면 무기력한 인간인가?

서커스단의 코끼리는 자유롭게 풀어놓아도 도망가지 않는다. 사육 방식 때문이다. 코끼리는 어린 시절부터 나무 기둥에 묶여 자란다. 얇은 끈에 다리를 묶인 아기 코끼리는 열 번, 백 번, 끈을 끊기 위한 시도를 무수히 하지만 매번 실패한다. 결국 성인이 되어서 끈을 끊고 도망칠 만한 충분한 힘이 있어도 시도조차 하지 않는다.

서커스단 코끼리의 일화를 실험으로 입증한 사람은 긍정심리학의 창시자 중 한 명인 펜실베이니아대학교의 마틴 셀리그만 교수다. 그는 자신의 의지로 피할 수 없는 고통을 반복적으로 학습하면 이후에 충분히 벗어날 수 있는 상황에서도 아무런 행동을 취하지 않는다고 주장하며 이를 '학습된 무기력'이라고 명명했다.

서커스단 코끼리에게서 오늘날 직장인의 모습이 겹쳐 보이는 이유는 왜일까? 일거수일투족을 감시하는 회사, 작은 일까지도 꼬치꼬치 간섭하는 상사, 월급과 경력 유지를 위해 억지로 일해야 하는 상황까지, 자신이 바꾸고 개선할 수 있는 게 아무것도 없기 때문이지 않을까? 결국 '이 짓을 그만두려면 사표를 내거나 이직뿐이야' 하고 과감히 탈출하지만, 막상 새로운 곳에 가면 또 다른 무기력에 빠질 뿐이다.

이런 상황이 반복되는 이유는 우리 스스로 행복 통제권을 쥐고 있지 않아서다. 심지어 회사나 타인에게 그 통제권을 넘겨주고 있으니 무기력에 빠지는 건 당연한 일 아니겠는가?

무기력에서 벗어나기 위해서는, 즉 자신만의 행복 통제권을 되찾기 위해서는 일상 설계자가 되어야 한다. '내가 매일매일 어떤 일상을 살고 싶은지'를 스스로 정의내리는 일은 매우 중요하다. 자신이 꿈꾸는 일상을 정의함으로써 나만의 기준을 명확히 세울 수 있기 때문이다.

객관식이 아닌 주관식으로 인생을 풀어라

사실 커리어 설계 워크숍에서 "일상 설계자가 되세요"라고 말하면 사람들은 아리송한 표정을 짓는다. 그때마다 나는 '집'을 예로 들어 설명한다.

누구에게나 살고 싶은 집이 있다. 집을 지을 계획이라면, 그 집을 언제, 어디에, 어떤 모양으로, 무슨 자재를 써서 만들지 집의 전체상을 디자인할 것이다. 일상 설계도 집 디자인과 마찬가지다. 자신이 살고 싶은 집의 다양한 조건들을 하나의 그림으로 엮듯, 평소 꿈꿔왔던 일상을 설계하면 된다. 이 과정은 내가 하고 싶은 일, 내가 일하고 싶은 회사를 위한 밑그림이라고 할 수 있다.

"제가 어떤 일상을 살고 싶은지 잘 모르겠어요."

만약 자신만의 일상을 설계하는 일이 막막하고 어렵게만 느껴진다면 그것은 당신이 늘 누군가가 정해놓은 객관식 선택지 안에서 선택해 버릇했기 때문이다.

문제) 다음 중 당신이 그 직업을 선택한 이유는 무엇인가?

① 전교 1, 2등을 하니까 '사'자가 들어가는 직업을 얻었다.

② 영어 점수가 높으니까 영어 교사가 되었다.

③ 불안한 시대이니까 공무원 시험을 준비하고 있다.

④ 돈을 많이 벌어야 하니까 은행에 취직했다.

⑤ 취업이 잘 되니까 기술직을 얻었다.

오지선다 중에 적당한 답을 찾아 동그라미를 치듯 직업을 선택하지는 않았는가? 하지만 진정한 일상 설계는 객관식이 아닌 주관식 문제를 풀듯 풀어야 한다. 남들이 좋은 직업이라고 미리 추려놓은 것들 중에서 고르기보다 '나에게 가장 잘 맞는 일이란 이런 특성을 가진 일이다'라고 스스로 정의할 수 있을 때 비로소 원하는 인생으로 나아갈 수 있다.

그 어떤 기성복도 내 취향과 체형을 완벽히 반영한 맞춤옷만큼 잘 맞을 수는 없다. 커리어도 마찬가지다. 시간이 지날수록 점점 더 많은 사람들이 주관식 문제를 풀듯 자신의 커리어를 만들어갈 것이다.

이제부터 우리는 자신에게 맞는 일과 회사를 찾기 위해 아홉 가지 단계를 거쳐 여행을 떠날 것이다. 여행명은 '나에게 맞는 커리어 설계법'이라고 하자. 이름에서도 알수 있듯이 이 여행은 개인 맞춤형 커리어 프로그램이다.

나에게 맞는 커리어 설계법

1단계) 나의 일상적 욕구 정의하기; 내가 진짜 원하는 게 뭐지?

2단계) 일상적 업무와 비중 정의하기; 나는 매일 어떤 일을 하고 있나?

3단계) 출근하기 싫은 이유 진단하기; 현재 직장에서 무엇이 충족되지 않나?

4단계) 퇴사하지 않는 이유 진단하기; 그 회사를 떠나지 못하는 이유는?

5단계) 나의 핵심역량 찾기; 평범한 이력서에서 나의 잠재력을 찾아라

6단계) 일의 본질 찾기; 내가 하는 일의 정체를 밝히다

7단계) 나와 일의 궁합 맞추기; 이 일이 정말 나와 맞는 걸까?

8단계) 이상적 환경 설계하기; 그 회사, 그 상사 나와 잘 맞을까?

9단계) 나의 북극성 찾기; 평생 나를 이끌어줄 커리어를 찾아서

아홉 가지 단계를 하나씩 밟을 때마다 자신이 원하는 하루하루의 모습을 구체화할 수 있을 것이다. 이 과정에서 내가 진짜 원하는 게 무엇인지를 찾고, 어떤 일을 하고 싶은지, 어떤 환경에서 누구와 일하고 싶은지, 나아가 인생 전반에 대한 구체적인 상을 그릴 수 있다.

지금까지 막연하고 감정적인 결정으로 커리어를 계획했다면 일상

설계자가 되어 나의 인생을 주관적으로 분석하고, 객관적인 수치로 증명하자. 사실 이 과정이 쉽지만은 않다. 커리어 설계 워크숍에 참여한 많은 분들이 어려워하는 과정이기도 하다. 하지만 아홉 단계를 모두 밟은 후에는 누구나 자신의 숨겨진 가치를 찾아냈다. 포기하지 말고 천천히, 그리고 끝까지 가보자.

커리어
설계의
기준

시작은 나의 욕구부터!

"내가 진짜로 원하는 것은 무엇일까?"

"나는 매일 어떤 욕구를 품고 살아가는가?"

나를 위한 맞춤형 커리어인데, 정작 자신의 욕구를 모른다면 그만큼 난감한 일도 없을 것이다. 커리어 설계의 제일의 원칙은 우리가 생활을 할 때, 일을 할 때, 사랑을 할 때, 인생의 큰 계획을 세울 때 등 매일같이 추구하는 욕구, 즉 '나의 일상적 욕구'를 정의하는 것이다. 앞서 우리는 '나의 성향을 찾는 질문 리스트(86~87쪽)'를 바탕으로 일상적 욕구를 정의하는 과정을 살펴보았다.

예를 들어 당신의 일상적 욕구가 아래 세 가지로 정리될 경우, 당신은 분명 무의식적으로 생각을 명료하게 전달하고, 큰 그림 속에서 관계를 파악하고, 장래에 발생할 리스크를 줄이는 행위를 매일 실천하고, 추구하고자 할 것이다.

<u>예시) 나의 일상적 욕구</u>

1. 명료하게 나의 생각을 전달하는 즐거움
2. 큰 그림 속에서 관계를 파악하는 즐거움
3. 장래에 발생할 리스크를 줄이는 즐거움

즉, '일상적 욕구'는 앞으로 우리가 떠날 여행인 '나에게 맞는 커리어 설계법'의 기준점이라 할 수 있다. 우리는 이 기준을 현재의 직장생활과 희망하는 앞으로의 직장생활에 대입해볼 것이다. 그 기준에 부합하는 일과 업계라면 당신과 잘 맞는 일일 것이고, 반대라면 당신은 괴로울 확률이 높다.

250쪽을 펼치고 나만의 일상적 욕구를 정의해보자. 첫 단추를 잘 꿰어야 나머지 단추들이 어긋나지 않듯, 충분히 고민하고 정의해본다. (250쪽 '1단계 나의 일상적 욕구 정의하기' SELF CHECK)

나는
매일
어떤 일을
하고 있나?

하루 8시간 동안 내가 반복하는 일

우리는 '업무가 지겹다' '하루가 너무 길다'라고 말하지만, 정작 자신이 매일 8시간 내내 어떤 일을 하고 있는지 정확히 규정해본 적은 없다. 매일 무슨 일을 하는지, 얼마나 그 일에 시간을 쏟는지 점검해보는 과정은 현재 업무를 명확히 파악할 수 있기 때문에 커리어 설계에서 빼놓을 수 없는 중요한 과정이다.

방법은 간단하다. 출근 후 퇴근까지의 업무 루틴을 그려보는 것이다. 어쩌다 한 번 하는 업무 말고, 거의 매일 반복하는 일상 업무를 다섯 가지로 요약해본다. 그리고 다섯 가지 업무의 총 소요 시간을 100%라고 봤을 때, 각각의 업무가 차지하는 비중을 백분율로 나눠 정리해보자.

예를 들어, 은행원 A가 출근해서 반복하는 업무는 크게 다섯 가지로 구분할 수 있다. 이를 일의 비중에 따라 나누면 아래와 같다.

예시) 은행원 A의 일상적 업무

일상적 업무	비중(%)
대출신청서류 검토	40
대출심사결과 보고서 작성	30
고객 응대	15
대출현황 및 회수율 모니터링	10
미납 독촉장 발송	5

주의할 점은 은행원 A의 일상적 업무가 모든 은행원에게 동일하게 적용되는 것은 아니라는 점이다. 똑같은 은행원이라도 은행원 A의 루틴 업무 다섯 가지와 은행원 B의 루틴 업무 다섯 가지가 다를 것이고, 그 비중도 개인마다 다를 것이다.

일상적 업무와 비중을 정의하는 것만으로도 자신이 매일같이 하는 일의 성격을 객관적으로 파악할 수 있다. 만약 당신이 선호하는 일은 '고객 응대'인데 '대출신청서류 검토'가 일에서 더 큰 비중을 차지한다면 자신이 어떤 부분에서 일을 할 때 불만족스러운지, 어떤 부분을 개선해야 할지 파악할 수 있을 것이다. (252쪽 '2단계 일상적 업무와 비중 정의하기' SELF CHECK)

출근하기
싫은 이유
진단하기

'그 인간' 때문에 출근하기 싫다?

당신이 매일 아침 출근하기 싫은 이유는 무엇인가?

왜 매일이 불만족스러운가?

"출근하기 싫은 이유라니, 뻔하죠. 회사에서 인정을 못 받거나 연봉 때문이거나 상사와 트러블이 있어서 아니겠어요?"

사람들은 보통 회사생활이 불만족스러운 이유를 스스로 잘 알고 있다고 생각한다. 하지만 출근하기 싫은 이유를 변덕스런 상사나 나를 괴롭히는 회사 등 외부에서 찾는다면 그것은 옳은 답이 아니다.

불만족스럽다는 것은, 내가 원하는 것이 있는데 그것이 현재 충족되고 있지 않다는 뜻이다. 따라서 내가 무엇을 원하는지를 알고 싶다면, 현재 불만족스러운 부분이 나의 어떤 욕구를 충족시키지 못하기 때문인지를 알아야 한다.

은행에서 대출영업과 자금운용 업무를 담당하는 김민수 씨는 시도 때도 없이 쏟아지는 업무에 짓눌리는 것 같았다. 지시 사항을 기계적으로 처리하기에 바빴고, 녹초가 되어 집에 돌아오면 멍하게 있거나 잠만 자는 일상을 되풀이했다. 그는 그런 일상이 너무 싫다고 했다.

"일이 너무 많아요. 거기에다 주먹구구식으로 지시가 떨어지기 때문에 스트레스가 엄청나죠."

출근하기 싫은 이유를 묻자 민수 씨는 이렇게 답했다. 하지만 이것이 정말 민수 씨가 회사에 가기 싫은 이유일까? 그는 커리어 설계 워크숍에서 자신의 일상적 욕구를 두 가지로 정의했다.

<u>민수 씨의 일상적 욕구</u>

1. 나의 생각을 정리하여 타인에게 전달하는 즐거움
2. 큰 그림 안에서 다양한 부분들의 관계를 파악하는 즐거움

민수 씨의 일상적 욕구를 기준으로 봤을 때, 그는 자신이 하는 일을 이해하며 정리할 시간이 턱없이 부족했다. 그는 업무에 대해 타인과 생각을 나누고 상의하기를 원하는 사람이었지만, 상사나 동료와 이야기를 나눌 기회조차 많지 않았기에 그 욕구 역시 전혀 충족되지 않았다.

또한 업무의 우선순위를 파악할 수 없는 상황에서 이것저것 닥치는 대로 일을 요청받다 보니, 큰 그림을 그릴 수 없어 늘 허덕였다. 민수 씨는 도대체 어디가 끝인지 보이지 않아 질식할 것만 같다고 말할 정도로 괴로워했다.

민수 씨가 출근하기 싫은 이유

일상적 업무	비중 (%)	출근하기 싫은 이유 (민수 씨의 일상적 욕구를 기준으로)
대출신청서류 검토	40	쏟아지는 요청으로 큰 그림 파악 불가능
대출심사결과 보고서 작성	30	명료하게 내 생각을 정리할 여유 없음
고객 응대	15	해당 없음
대출현황 및 회수율 모니터링	10	해당 없음
미납 독촉장 발송	5	해당 없음

출근하기 싫은 이유만 알아도 문제의 절반은 해결!

민수 씨가 처음 워크숍에 참여했을 때, 그는 은행이라는 직장과 대출영업 업무가 자신과 맞지 않는다고 했다. 그래서 아예 다른 직업으로 전직을 고민하고 있던 차였다.

하지만 일상적 욕구를 정의하고 커리어 설계를 시작한 후, 그는 전직에 대한 생각을 바꿨다. 직업은 유지하되 자신이 원하는 일상을 제공해줄 수 있는 회사를 찾기로 계획을 바꾼 것이다.

그가 최종적으로 설계한 일상의 모습은 아래와 같다.

민수 씨의 일상 설계

1. 내 생각과 의견을 사람들에게 말할 수 있는 환경
2. 혼자서 생각을 정리할 수 있는 여유

현재 민수 씨는 다른 은행으로 이직해 전과 같은 대출영업 업무를 맡고 있다. 그러나 업무의 비중과 진행 방식은 자신이 추구하는 일상에 훨씬 더 가깝다고 평가한다.

그는 일상을 설계하면서, 애초에 자신이 금융업에 관심을 갖게 된 이유가 돈의 흐름을 파악하고 그 흐름을 누가 만드는지를 알고 싶어서였음을 깨달았다. 이는 큰 그림을 보고 싶어 하는 민수 씨의 욕구와 금융업이 잘 부합한다는 뜻이었고, 이 발견은 금융업에서 아예 떠나려고 했던 민수 씨의 마음을 돌려놓는 계기가 되었다.

자신이 살고 싶은 일상의 모습을 명확하게 파악한 민수 씨는 스스로 설계한 일상에 더 가까운 삶을 살기 위해 노력하고 있다. 여가 시간에는 독서와 운동을 하며 생각을 정리하고, 아침저녁으로 글쓰기 시간을 늘리는 등 회사 밖에서도 일상적 욕구를 충족시키는 삶을 살고 있다.

내가 정말 출근하기 싫은 이유는 무엇인가?

나는 일상에서 어떤 욕구를 갖고, 어떤 행위에 몰입하는 사람이기에 현재의 업무 방식과 환경에 만족하지 못하는가?

상사나 회사라는 외적 요소가 아닌 나를 기준으로 설명할 수 있다면, 문제의 절반은 이미 해결된 것이다.

지금부터 자신이 왜 출근하기 싫은지 그 이유를 되짚어보자. 이 과정만으로 회사생활을 괴롭히는 주범을 찾을 수 있다. 또한 막연하게 "나는 이 일(회사)과 안 맞아"라고만 말해왔다면, "나는 ○○○하게(how) 일하고 싶은데, 매일 하는 ○○ 업무, ○○ 업무에서는 그렇게 일할 수 없기 때문에 이 일(회사)과 맞지 않는다"라는 보다 구체적인 정의를 내릴 수 있을 것이다. (254쪽 '3단계 출근하기 싫은 이유 진단하기' SELF CHECK)

그럼에도
퇴사하지
않는
이유는?

헤어지지 못하는 이유가 곧 사랑하는 이유

출근하기 싫은 이유를 아는 것만큼, 왜 아직 퇴사하지 않고 남아 있는지 그 이유를 파악하는 것도 굉장히 중요하다.

"이미 있는 정 없는 정 다 떨어졌고, 퇴사할 마음까지 먹었는데 굳이 퇴사하지 않는 이유까지 알아야 하나요?"

'출근하기 싫은 이유'에서 나에게 '충족되지 않는 욕구'가 무엇인지를 찾았듯이, '퇴사하지 않는 이유'에서는 현재 나를 '충족시키는 욕구'가 무엇인지를 알 수 있기 때문이다.

현재 회사에서 충족되고 있는 그 욕구들은, 어렵고 고통스러운 상황에서도 당신을 지금까지 고민하게 만들고 직장에 잡아둘 만큼 중요한 욕구였을 것이다. 따라서 이후에 이어질 커리어에서도 만족도를 결정짓는 중요한 요소로 작용할 가능성이 크다.

김미희 씨는 화장품 회사 영업 부서에서 영업관리를 맡고 있었다. 그녀는 학생 때부터 화장품에 관심이 많아 이 일을 선택했고, 주 업무는 매장 점주들을 관리하는 일이었다.

<u>미희 씨의 일상적 욕구</u>

1. 계획적으로 하나씩 일을 처리해나가는 즐거움
2. 합의점을 찾기 위해 경청하는 즐거움

커리어 설계 워크숍을 찾은 미희 씨는 자신의 일상적 욕구를 '계획적으로 하나씩 일을 처리해나가는 즐거움'이라 진단했다. 그런데 그녀가 맡고 있는 영업관리 업무는 돌발 상황이 자주 일어났고 계획 없이 잡히는 일정이 많은 편이었다.

그녀는 하루 종일 이리저리 불려 다니며 바쁘게 일했지만, 계획했던 일을 정해진 일정 안에 처리하지 못하는 상황이 자꾸 벌어졌고, 그로 인해 어떠한 성취감도 얻기 힘들었다.

업무가 너무 많은 것도 괴로운데, 이루는 것 없이 인생을 낭비하고 있다는 생각까지 드니 내일이라도 당장 퇴사하고 싶었다. 하지만 이러한 상황에서도 미희 씨는 회사를 그만두지 못했다. 그녀의 또 다른 일상적 욕구였던 '합의점을 찾기 위해 경청하는 즐거움' 때문이었다. 미희 씨는 '점주 - 바이어 - 파트 담당 - 연관 부서 - 업체 관계자'와 만나 대화로 문제를 분석하고 해결하는 과정에서 평소 그녀가 중요시했던 욕구를 충족하고 있었던 것이다.

미희 씨는 현재 동일한 회사의 영업관리팀에서 구매팀으로 부서 이동을 한 후에, 두 가지 일상적 욕구를 적극적으로 충족하며 만족스러운 회사생활을 하고 있다.

구매팀에서는 명확하게 구분된 역할을 맡아 정해진 프로세스대로 재고를 확인하고 부족한 제품을 발주하는 등 그녀가 희망하는 '계획적으로 하나씩 일을 처리하는 즐거움'을 충족할 수 있었다. 또한 생산 과정에

미희 씨가 퇴사하지 않는 이유

일상적 업무	비중 (%)	퇴사하지 않는 이유 (미희 씨의 일상적 욕구 기준)
점주 요청 응답 및 처리	50	해당 없음
매장 클레임 해결	20	경청하여 합의점 찾기 가능
매장 방문	10	해당 없음
영업실적 분석	10	계획적인 일처리 가능
보고서 작성	10	계획적인 일처리 가능

차질이 생기지 않도록 공급업체와 주기적으로 상의하며 문제를 해결해 나간다는 점에서는 '합의점을 찾기 위해 경청하는 즐거움'을 그전과 다를 바 없이 추구할 수 있었다.

당신이 퇴사하지 않는 데는 이유가 있다

만약 미희 씨가 영업 일이 너무 괴로워 지금의 회사를 퇴사했거나 아예 전직을 했다면 어떻게 되었을까? 그녀가 중요하게 여겼던 욕구와 이를 충족함으로써 얻는 만족감 모두를 잃어버렸을 것이다.

다투고 난 뒤 생각해 절교를 선언했지만 시간이 지나면 그리워지는 친구의 좋은 면모들처럼, 우리가 어떤 결정을 망설이는 데는 나름의 장단점이 공존하기 때문인 경우가 많다.

지금 직장이나 직업만 아니라면 다 괜찮다는 '모' 아니면 '도'의 결정보다는, 자신에게 '만족스러운 요소'와 '불만족스러운 요소'를 구분해서 전자는 계속 추구하고 후자는 정확히 원인을 분석한 후 개선하는 자세가 필요하다.

회사를 떠나고 싶지만 그럼에도 계속 남아 있다면, 자신만의 퇴사하지 않는 이유가 무엇인지 알아보자. 이미 헤어질 마음으로 가득 찬 마당에 왜 이 회사에 미련이 남아 있는지 고민해보는 것은 생각보다 쉽지 않다. 그런 만큼 많은 사람들이 놓치는 부분이기도 하다.

하지만 이 과정을 거치지 않으면 다음 이직을 결정할 때, 현재 그럭저럭 충족하고 있는 욕구를 소외시킬 수 있다. 절대 이런 실수를 범하지 말자. 퇴사하고 싶은 마음이 드는데도 나를 붙잡을 정도로 강력한 보상을 제공하는 욕구를 앞으로도 소중히 지켜나가야 한다. (256쪽 '4단계 퇴사하지 않는 이유 진단하기' SELF CHECK)

이력은
평범해도
사람은
평범하지 않다

열심히는 했는데 뭐 하나 잘하는 게 없다?

"전 딱히 내세울 만한 게 없어요."

한 우물만 파는 게 중요하다는 말을 귀에 못이 박히도록 들어온 한국인에게 전문성이 없다는 말은 꽤나 두려운 평가다. 특히 경력이 짧은 사회 초년생이나 완전히 다른 직업이나 업종으로 전직하는 경력자의 경우, 자신보다 경력이 더 탄탄한 다른 지원자들과 어떻게 경쟁할 수 있을지 불안해한다. 설령 그들과 비슷한 경력의 소유자라도, 수많은 경쟁자들 사이에서 내세울 만한 것이 과연 무엇인지 고민하기 마련이다.

이한수 씨는 경영학과를 졸업하고 첫 입사한 무역회사에서 8년째 고객관리와 해외영업을 담당하고 있었다. 그는 지금의 업무(무역업과 영업)를 떠나서 고객관리에 집중하고 싶었지만, 지난 8년간 핵심역량이라고 믿었던 업계 경력을 포기하고 싶지는 않았다. 그는 고민 끝에 커리어 설계 워크숍을 찾아왔다.

나는 한수 씨와 함께 그의 커리어를 되짚어보았다.

그의 이력에는 꾸준히 등장하는 키워드가 있었는데, '장기적인 신뢰 관계 구축'이었다. 이는 그가 애초에 무역업에 뛰어든 계기이기도 했다. 한수 씨는 대학 시절 수업에서 "무역에서 중요한 것은 기브 앤 테이크give & take를 통해 관계를 형성하는 것"이라는 교수님의 말에 깊이 공감했고, 그 말이 자신이 평소에 대인관계와 비즈니스에서 지녔던 철학과 일치했기에 무역 회사에 지원하게 되었다고 한다.

실제로 입사한 후 한수 씨는 한 거래처와의 계약 건에 적극적으로 개입하게 되었다. 그 거래처는 규모가 작아서 한수 씨의 회사에서는 큰 관심을 두지 않고 있었다. 하지만 장기적으로 신뢰 관계를 형성해왔고 잠재력도 충분해 보였기에, 당시 대리였던 그는 큰 권한은 없었음에도 적극적으로 회사를 설득해 계약을 체결시켰다. 이후 그 거래처는 회사 수익에 큰 도움이 될 만한 계약 건을 가져다주는 주요 고객이 되었다고 한다.

한결같다면 그것이 진짜 핵심역량

지금까지 한수 씨의 이력을 되짚어봤을 때 그의 핵심역량이 무역에 대한 지식이나 노하우라고 생각하기 쉽다. 하지만 이는 본질이 아닌 겉모습만 보고 내린 판단이다. 그보다는 '사람과 관계를 대하는 방식', 즉 눈앞에 보이는 득실이나 갑을로서의 역학관계가 아니라 '서로 도움을 주고받는 상생관계를 일궈나가는 것'이 그의 핵심역량이다.

이는 그가 무역업에 종사하든, 영업 업무를 맡든, 새로운 회사에 가서 다른 직종에 종사하든, 일관되게 발현되는 핵심역량이다. 무역업에 종사하게 된 계기도 그의 이런 핵심역량 때문이었던 것이지, 무역업에 종사한 경력 자체가 그의 핵심역량이 되는 것은 아니다.

이렇듯 핵심역량은 특정 업계나 업종에 국한되지 않고 보편적으로 쓰일 수 있는 그 사람의 본질적 역량이어야 한다. 그래서 핵심역량은 특별한 경력이나 대단한 업적이 아닌 오히려 평범한 이력 안에서 찾아야 한다. 진짜 나의 핵심역량인지 확인하고 싶다면, 이렇게 자문해보자.

나는 평소에 그 역량을 항상 활용하며 살아왔는가?

행여나 온라인마케팅 업무를 오래 했다고 해서 이를 자신의 핵심역량이라고 주장하고 싶다면 마음에 고이 묻어두자. 중고등학생 때부터 유튜버로 활동했던 게 아니라면, 당신이 매일 일상적으로 온라인마케팅을 하며 살아오지는 않았을 테니.

반면 당신이 그동안 살아온 방식이 '어려운 개념을 알기 쉽게 풀어 설명하는 것' 혹은 '주변 사람들의 참여를 이끌어내는 것'이라면 이는 핵심역량이라고 부를 만하다.

이력이 아무리 평범할지라도 사람은 평범하지 않다. 나와 유사한 경력을 갖고 있는 사람과 나를 구분 짓는 것이 무엇인지, '나'라는 한 개인의 특성을 드러내는 역량이 무엇인지를 사소한 이력에서부터 찾아보자.

평범한
이력서에서
핵심역량
찾기

물을 보지 말고 물속을 보라

이제 본격적으로 나만의 핵심역량을 찾아볼 시간이다.

성향도 그렇지만 핵심역량 역시, 본질은 수면 위가 아니라 기저에서 조용히 흐르고 있다. 따라서 성급히 찾으려 했다가 겉핥기에 그치는 실수를 하지 말고, 충분한 시간을 두고 느긋하게 지금까지의 커리어를 돌아보며 분석할 필요가 있다.

나는 대학교 3학년 때부터 지금까지 수많은 사람들의 성향을 분석하고, 그들이 자신만의 핵심역량을 찾을 수 있도록 도움을 주었다. 그 결과 핵심역량을 찾는 가장 쉬운 접근 방법을 도출할 수 있었다. 5년, 10년, 혹은 그 이상 회사에서 열심히 일한 사람이라도 문득 딱히 뭐 하나 잘하는 건 없다고 느껴본 적 있을 것이다. 하지만 핵심역량은 발견되지 않았을 뿐, 당신의 평범한 이력서에 숨어 있다. 이제부터 이력서를 펼쳐놓고 자신만의 핵심역량을 찾아보자.

먼저 대학 전공부터 현재에 이르기까지 모든 경험(이력)을 나열해보자. 그리고 각 경험에 자신의 일상적 욕구(성향)를 대입해본 후, 이를 통해 체득할 수 있었던 업무 노하우를 찾아본다.

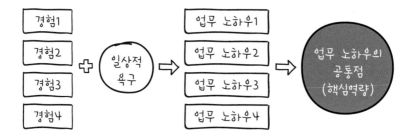

이때 업무 노하우를 "마케팅 스킬을 배웠어요" "엑셀을 잘 다루게 되었어요"라고 한다면 이는 오답이다. 업무 노하우는 '업무 스킬'이 아니다. '그 경험을 통해 본질적으로 달라진 것(관점, 문제 접근법, 업무 우선순위, 업무 처리 방식 등에 있어서의 변화)'이 진짜 업무 노하우다. 우리가 커리어를 설계할 때 중시해야 할 것은 언제나 본질이라는 사실을 잊지 말자.

173쪽의 '업무 노하우를 찾는 질문법'으로 질의응답을 해보면서 각각의 이력에서 얻은 본질적인 업무 노하우를 찾아보자. 마지막으로 그 노하우들의 공통점을 한 줄로 정리할 수 있다면, 그것이 지금껏 발견되지 않았던 당신의 핵심역량이다.

건축설계사에서 HR 강사가 된 민지 씨의 핵심역량은?

이민지 씨는 건축학과를 졸업하고 건축 설계 일을 하다가 최근에 HR 강사로 커리어를 전환했다. 아직도 핵심역량을 전문성으로 착각하고 있다면, HR 강사로 일하는 민지 씨의 핵심역량은 처음부터 강사로 시작한 다른 이들에 비해 상당히 부족해 보일 것이다. 그녀의 전문성은 건축 업계에서의 설계 능력뿐이니 말이다.

하지만 민지 씨와 대화를 나눠보니, 그녀의 핵심역량은 건축 설계 시절부터 HR 강사를 하는 지금까지 쭉 이어져 오고 있었다. 그녀의 이력과 일상적 욕구는 다음과 같이 정리할 수 있었다.

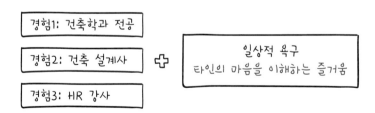

그녀는 세 가지 경험을 통해 어떤 업무 노하우를 얻었을까?

민지 씨가 건축학을 전공하면서 가장 많이 한 일은 직접 만든 설계도를 타인에게 설명하는 일이었다. 그녀는 이를 통해 '상대를 설득할 수 있는 발표 능력과 스토리텔링 능력'을 얻을 수 있었다. 건축 회사에서 설계 일을 시작한 후에는 고객의 취향을 빠르게 파악하는 것이 무엇보다 중요했다. 이를 통해 '상대방의 라이프스타일과 욕구를 분석하는 안목' 역시 키울 수 있었다.

또한 설계를 하다 보면 갑작스럽게 수정을 요청받는 경우가 많았다고 한다. 그래서 평소에 카테고리 별로 다양한 아이디어를 저장해두었다가 급한 수정이 들어오면 고객의 상황에 맞게 변경해 제안하는 일이 잦았다고 한다. 이런 능력은 HR 강사 일을 하면서 '청중의 반응에 맞춰 그때그때 대응'할 수 있는 고객 유형별 대처 전략을 만들어놓는 데 큰 역할을 했다.

민지 씨가 자신만의 본질적 업무 노하우를 정리할 수 있었던 밑바탕에는 그녀가 자신의 일상적 욕구(타인의 사고를 이해하는 즐거움)를 알고 있었기 때문이다. 그녀는 원래부터 타인의 사고방식과 취향을 관찰하는 일에 흥미와 욕구를 지녔던 사람이다. 따라서 건축 설계를 할 때든 HR 강사로서 일을 할 때든 타인을 이해하는 데 필요한 업무 노하우를 본능적으로 익혔을 것이다.

만약 민지 씨와 똑같은 경력을 지닌 다른 사람이 있더라도 그 사

민지 씨의 핵심역량 분석

경험(이력)	경험을 통해 얻은 업무 노하우	일상적 욕구의 how 요소
건축학 전공	상대를 설득하는 발표 구성하기 스토리텔링 능력	타인 이해 니즈 파악
건축설계 사무소 (설계 업무)	상대의 라이프스타일 및 욕구 분석 갑작스러운 요청과 변화에 대체 가능한 옵션 만들기	타인 이해 니즈 파악
HR 강사	상대방의 표정 및 제스처를 통한 만족도 측정	타인 이해

민지 씨의 일상적 욕구

타인의 사고를 이해하는 즐거움

⇩

업무 노하우를 어떻게 활용하는가?

니즈에 맞는 해결책을 찾아서 제공

⇩

민지 씨의 핵심역량

특정 상황이나 개인의 니즈를 파악해 맞춤화한

해결책을 제공하는 능력

람의 업무 노하우는 민지 씨와 전혀 다를 것이다. 사람마다 일상적 욕구가 다르듯 그에 따라 체득하는 업무 노하우도 다르기 때문이다. 따라서 같은 직종이므로 핵심역량도 동일할 것이라고 생각하는 것은 완벽한 착각이다. 마치 심리학을 전공했으니 모든 심리학자의 핵심역량이 '사람의 마음을 읽는 일'이라고 착각하는 것과 같다.

마지막으로 민지 씨의 핵심역량을 알아보자. 그녀의 경험에서 도출한 세 가지 업무 노하우의 공통점을 찾아보는 것이다.

그녀는 상대방을 꾸준히 설득하는 일을 하면서 '상대의 욕구를 분석'하는 노하우를 얻었고, 이는 그녀의 일상적 욕구에서 '타인 이해'라는 공통점으로 나타난다. 또한 '상대방의 만족도를 측정하고 갑작스러운 요청에 대안을 제시'하는 노하우에서 '니즈 파악'이라는 공통점을 뽑아볼 수 있다.

민지 씨는 이러한 업무 노하우들을 어떻게 활용하고 있을까? 그녀는 상대방과 상황 변화에 따라 '니즈에 맞게 맞춤화된 해결책을 찾아서 제공'한다고 답했다.

이 모든 상황의 공통점을 뽑아 종합하면 민지 씨의 핵심역량은 '타인의 니즈나 상황을 파악해 맞춤화한 해결책을 제공하는 능력'이라고 정의할 수 있다.

핵심역량은 특정 분야나 지식, 기술이 아니다. 어디에나 적용할 수 있는 보편적인 문제해결 방식이자 관점이다. 마치 서로 다른 원소끼리 만나 화학반응을 하듯, 그동안 내가 살면서 겪은 각각의 경험들에 나의 고유한 일상적 욕구가 반응하여 강화된 결과임을 잊지 말자. (258쪽 '5단계 나의 핵심역량 찾기' SELF CHECK)

업무 노하우를 찾는 질문법

· 이 경험을 통해 어떤 새로운 관점이나 (문제) 접근법을 갖게 되었나?
· 이 경험의 전과 후를 비교했을 때 내가 본질적으로 달라진 부분은 무엇인가?
· 이 경험 이후로 의식적으로 신경 쓰게 되거나 강화된 부분은 무엇인가?
· 그 일에서 벗어난 지금까지도 지속적으로 영향을 미친 부분은 무엇인가?
· 만약 이 경험이 없었다면 나는 지금 어떻게 달라졌을까?
· 이 분야에서 우수한 성과를 내려면 무엇을 잘해야 한다고 생각하는가?
· 그래서 무엇에 초점을 맞추고 어떻게 하려고 노력했나?
· 만약 후임에게 해당 업무를 가르쳐줄 때 가장 강조할 부분은 무엇인가?

커리어 설계 — 이후에 — 벌어질 일

나는 수년간 기업과 개인을 대상으로 커리어 코칭을 해왔다.

기업에서의 커리어 코칭은 짧게는 수개월, 길게는 1년 동안 진행되기 때문에 장기간에 걸쳐 팀워크와 성과가 개선되는 모습을 직접 볼 수 있다는 점에서 그 뿌듯함이 남다르다. 반면, 개인을 대상으로 한 커리어 코칭은 길어봐야 한두 달이고, 이후 어떤 변화가 생겼는지 바로 확인할 길이 없다. 워크숍을 마치고 몇 개월 뒤에 한두 명씩 연락이 오기 시작하는데, 대부분은 최소 1년이 지난 뒤에야 소식이 온다. 때로는 3년, 5년이 흘러 이름조차 가물가물해질 즈음 연락을 받을 때도 있다. 그만큼 개인이 의지와 노력만으로 삶을 변화시킨다는 것은 쉽지 않다는 뜻이리라.

반가운 마음에 그동안 어떻게 지냈는지를 물어보면, 워크숍 당시만 해도 나답게 일해보자고 결심했지만, 막상 일상으로 돌아오니 현실에 안주하고 타협하게 되더라고 말한다. 사실 커리어 설계 워크숍이 끝난 후 많은 분들이 다시 전과 다를 바 없는 기준(연봉과 회사 인지도 등)에 맞춰 이직하거나, 주변 시선 때문에 줄곧 하던 일을 이어가기도 한다. 그럼에도 전과 달라진 부분은 분명 있다. 자신이 무엇을 좋아하고 추구하는 사람인지 점검해봤기에, 전처럼 남들이 좋다는 것이 내가 좋아하는 것은 아니라는 사실을 상기할 수 있다.

'현재 나의 모습'과 '되고 싶은 나'의 차이를 느껴보는 일도 나쁘지 않기에 나 역시 느긋하게 좋은 소식을 기다리는 편이다. 하지만 초반에는 꽤 조급해했다. 빨리 그들이 자신의 길을 찾았으면 좋겠는데, 이전의 모습으로 원상 복귀되는 것을 보며 안타까워하고 실망하기도 했다. 도움을 준 제3자의 입장도 그러한데 본인은 얼마나 더 실망하고 자괴감을 느꼈을까?

하지만 돌이켜보니 나도 그랬다. 부모님과 상사, 선배에게 조언을 받았을 때 이를 바로 실행하지 못했다. 머리로는 아는데 몸이 따라주지 않았다. 확신이 들지 않았고, 용기도 없었으며, 실패하면 어쩌나 하는 불안함에 당장 선택하기 쉬운 길을 골랐다. 즉, 아무것도 안 한 것이다. 몇 년이 지난 후 실행에 옮겼을 때야 비로소 그들의 조언을 떠올릴 수 있었다.

나처럼 돌고 돌아서 깨닫는 것도 나쁘지 않지만, 그럼에도 이 책을 읽는 분들은 조금이라도 덜 돌아갔으면 좋겠다. 한 가지 팁을 드리자면, 자신에게 맞는 일의 모습을 그렸다면 최대한 주변 사람에게 그 사실을 이야기하자. 혼자 머릿속에서 열심히 시뮬레이션을 돌려봤자 걱정과 불안은 사라지지 않는다. 친구나 지인, 또는 우연히 만난 사람에게 자신이 원하는 일상과 직업을 말해보자.

홈패션 유통회사에서 5년 동안 근무한 김민영 씨는 출근이 두려울 만큼 회사가 싫어서 직장을 그만두고 커리어 설계 워크숍을 찾아왔다. 그녀의 꿈은 제주에서 카페를 여는 것이었다. 가족과 지인들은 대번에 '여자 혼자 어딜 가냐' '남들처럼 결혼이나 하지' '돈도 없으면서 뭘 해서 먹고살 거냐' 하며 걱정을 쏟아냈다. 그녀 역시 불안하기는 매한가지였다.

민영 씨는 이럴 바엔 직접 제주에 가서 확인하겠다며 2주 동안 제주 살이를 하기로 결심했다. 그녀는 떠나기 전에 다짐했다.

'스스로가 확신을 가질 수 있을 만큼 제대로 알아보고 계획할 것.'
'2주 체험 후 이것이 자신이 원하는 일상인지 아닌지를 정확히 판단할 수 있는 기준을 세울 것.'

2주 후 그녀는 제주에서 만난 사람의 소개로 한 카페에서 아르바이트를 시작할 수 있었다. 지금은 그 카페의 운영을 도맡아 사장님이 되었고, 원하던 '제주에서 카페를 하는 삶'을 살고 있다.

만약 민영 씨가 부모님과 지인의 걱정, 스스로 가진 불안감 때문에 제대로 알아보지 않고 자신만의 판단 기준도 세우지 않았다면 답답함을 숨긴 채 또다시 출근 버스로 내몰렸을 것이다.

변화를 앞두고 망설여지는 순간, 그녀는 막연한 감에 의존하지 않고 제주에서 카페를 차린 사람들을 직접 만나며 객관적인 판단 기준을 적용할 수 있었고, 이것이 용기와 확신으로 이어졌다고 내게 말했다. 분명한 건, 우리가 잘 모르는 낯선 영역에 대해 보다 많이 알고 있는 사람들이 곳곳에 숨어 도움을 줄 수 있다는 것이다.

하고 싶은 일, 살고 싶은 일상을 디자인했다면 만나는 사람들에게 나의 생각을 이야기해보자. 부정적인 사람도 있고, 응원해주는 사람도 있을 것이다. 정보나 도움을 주겠다는 사람도 있을 것이다. 모든 고민과 계획까지 혼자서 하다 보면 1~2년 지나가는 것은 순간이다. 혼란스러운 커리어 전환 시기를 견딜 수 있게 도와줄 인적 지원망support network을 미리미리 구축하기를 바란다.

5장

나답게 일한다, 둘

(그 일,
그 직장)

설계-하는-법

사과는
사과끼리,
오렌지는
오렌지끼리

본질끼리 비교하라

개인에게 성향이 있듯 '일'과 '회사'에도 성향이 있다.

기껏 자신의 성향과 핵심역량을 찾았는데, 그와는 전혀 상관없는 일을 하거나 회사에 다닌다면? 지금까지의 과정은 안 하느니만 못한 짓이 된다.

영어에 'comparing apples to oranges'라는 표현이 있다. 사과는 사과끼리, 오렌지는 오렌지끼리 비교해야지 사과와 오렌지를 비교할 수는 없다는 뜻이다. 자신과 진정으로 잘 맞는 일인지 제대로 궁합을 맞춰보려면, 피상적인 조건이 아닌 본질끼리 비교해봐야 한다. 본인의 성향과 일의 본질을 비교하는 것이다.

그렇다면 일의 본질은 어떻게 찾아야 할까?

커리어 설계 워크숍에서 자주 쓰는 방법이 있는데, 바로 초등학생으로 돌아가 질문하는 것이다. 사람들에게 처음부터 자신의 일의 본질을 설명해달라고 요구하면 제대로 설명하지 못한다. 추상적으로 답하거나 비즈니스 용어 또는 업계 용어를 쓰며 어렵게 설명한다.

하지만 끊임없는 질문을 받다 보면 어느 순간, 초등학생도 이해할 수 있을 정도로 간단명료하게 정의된다. 즉, 일의 본질에 가까워지는 것이다.

마케팅을 예로 들어보자. 마케팅의 본질은 무엇일까? 먼저 마케팅의 사전적 정의는 다음과 같다.

소비자에게 상품이나 서비스를 효율적으로
제공하기 위한 체계적인 경영 활동

이런 식의 정의는 하나하나 문장을 뜯어봐도 이해가 쉽지 않고, 자신의 성향과도 연결시키기 어렵다. '효율적인 서비스를 제공하는 것'에 적합한 성향이 대체 무엇일지 상상이 가는가?

일의 본질을 찾기 위해서는 다음과 같이 끊임없이 질문을 던져 초등학생도 이해할 수 있을 만큼 단순화해야 한다.

> **마케터** 저는 화장품 회사에서 '어떻게 제품을 홍보할지 방법을 찾는 일'을 하고 있어요. (1차 시도)

> **참가자** 홍보가 뭐예요?

> **마케터** 어… 뭐가 좋은지 알려주는 거예요.

> **참가자** 누구한테 알려주는 건데요?

> **마케터** 여러분 같은 소비자들한테 알려주고 있어요. '제품의 장점을 찾아 소비자에게 알려주는 일'이라고 말할 수 있겠네요. (2차 시도)

> **참가자** 근데 장점은 왜 알려줘야 해요?

> **마케터** 마트에 가면 워낙 많은 제품이 있어서 사람들이 어떤 게 좋은지 모르잖아요.

그래서 제가 대신 설명해주는 거예요. 그럼 '소비자에게 좋은 제품을 소개해주는 일'이 되는 건가요? (3차 시도)

참가자 좋은 제품의 기준이 뭔데요?

마케터 사람마다 원하거나 필요한 게 다른데, 그 제품이 그 사람에게 맞으면 좋은 제품이죠.

참가자 소개해주는 걸로 끝이에요? 왜 사람들이 그걸 알아야 하는지 잘 이해가 안 돼요.

마케터 뭐랄까, 이 제품이 왜 좋은지를 알아야 다른 제품을 안 사고 이걸 사거든요. 사람들이 이 제품을 많이 사야 저도 월급을 받고 먹고살 수 있어요. 그럼 이렇게 설명해야겠어요. '소비자가 좋아할 만한 것을 알리고, 더 많이 사도록 설득하는 일.' (4차 시도)

위의 대화는 마케팅 업무의 본질을 잘 보여주고 있다.

위의 내용을 정리하면 첫째, 좋은 제품이라는 것은 결국 사람들의 니즈와 기호에 따라 달라진다. 따라서 마케팅은 니즈와 제품 특성에 따라 소비자와 제품을 서로 매칭시켜주는 것이다.

둘째, 소비자에게 홍보를 하는 이유는 기업의 수익 창출을 위해서다. 따라서 마케팅의 궁극적인 목적은 고객이 구매하게 만들어서 매출을 발생시키는 것이다.

이를 통해 마케팅의 본질을 다음과 같이 정의할 수 있다.

소비자가, 좋아할 만한 것을, 알리고, 더 많이 사도록, 설득하는 일
  (who)   (what)   (how1)   (why)   (how2)

일의 본질을 한번 정의해놓으면 '나는 이 일을 어떻게 생각하는지(이 일에 대한 나만의 철학과 태도)' '왜 이 일을 하고 싶은지(나의 사명)' '과거·현재·미래에 나라는 사람과 맥을 같이 하는 일인지(방향성, 진로 계획)'에 대해 자신만의 생각을 정리할 수 있다. 이런 과정은 커리어를 설계할 때뿐만 아니라 실제로 이직 과정에서 자기소개서를 작성하고 면접을 준비할 때도 유용하다.

주변에 나를 위해 잠시 초등학생으로 돌아가줄 사람이 있다면 그에게 가서 현재 하는 일과 앞으로 하고 싶은 일의 본질을 단순하게 요약해서 설명해보라.

물론 더 좋은 방법은 실제로 초등학생을 붙잡고 설명하는 것이다. 그들이 설명을 듣고도 이해하지 못한다면 그 사람의 이해력이 부족해서가 아니라, 당신이 아직 이 일의 본질을 잘 모르는 것이니 더 고민하고 정리해봐야 한다.

일의 본질을 찾는 연습

간혹 잘못된 본질 찾기를 하는 경우가 있다. 잘못된 방식으로 일의 본질을 정의할 경우, 본질이 아닌 겉으로 드러나는 행위만을 묘사하기 쉽다.

올바르게 정의된 일의 본질을 해체해보면 '누구에게' '무엇을' '왜' '어떻게'의 꼴을 하고 있다. 예를 들어, 필라테스 강사가 일의 본질을 '바른 자세를 알려주고 근육의 균형을 잡아주는 일'이라고 정의했을 때, 이는 겉으로 보인 모습만을 묘사한 잘못된 본질 찾기다. 그렇다면 어떻게 필라테스 강사라는 일의 본질을 찾아가야 할까?

Q 어떤 필라테스 강사가 좋은 필라테스 강사일까?

A 못한다고 구박하지 않고 차근차근 친절하게 알려주고 응원해주는 강사.

Q 수강생들이 돈과 시간을 지불해 필라테스를 등록하는 진짜 이유는 무엇일까?

A 예뻐지고 싶어서. 출산과 노화 등으로 망가진 몸을 제대로 가다듬고 싶어서.

Q 왜 예뻐지고 몸매를 가다듬기를 원하는데?

A 다른 사람들 앞에서 자신감이 생기고 호감이나 인정을 살 수 있

으니까.

Q 수강생들은 정말로 필라테스를 바른 자세나 건강을 위한 장기 투자로 생각할까?

A 아니, 대부분의 경우 단기간에 몸매를 교정해서 '나도 예뻐질 수 있다, 할 수 있다'라는 것을 보여주고 싶어 한다.

위의 질문을 바탕으로 필라테스 강사라는 일의 본질을 이렇게 정의해볼 수 있다.

몸매가 흐트러진 사람에게, 몸에 대한 자신감을, 되찾게, 도와주는 일
(who)   (what)   (why)   (how)

이제 자신이 매일 하고 있는 일의 본질을 찾아보자. 나의 성향을 알고 일의 본질을 파악할 때 우리는 더 이상 회사에서 무기력하게 끌려 다니지 않고 분명한 존재감을 느낄 수 있다. 그것이 바로 천직으로 가는 길이다. (260쪽 '6단계 일의 본질 찾기' SELF CHECK)

나와 일의
궁합을
본다면?

철밥통 선생님들이 왜 이직을 고민할까?

누구나 이직을 앞두고 두려움에 휩싸인다. 지금까지의 경력과는 무관한 전직을 시도할 때는 그 정도가 더 심하다. 그곳이 어떤 곳인지, 누구와 일할지 전혀 알 수 없기 때문이다.

그때마다 나는 의뢰인들에게 그 일의 일상을 최대한 정확히 그려보라고 말한다. 그 회사로 옮길 경우, 하루 8시간 동안 반복해서 하는 일상적 행위를 나열해보는 것이다. 이 일상적 행위와 나의 성향이 일치하는 정도가 그 일에 대한 만족도와 보람을 결정한다.

요즘 안정적인 직업으로 상한가를 달리는 교사의 예를 들어보자. 희망 직종 상위권이자 철밥통으로 불리는 교사를 선호하는 취업 준비생과 경력자들이 꽤 많다. 하지만 많은 사람들이 선망하는 직종임에도 나의 워크숍에는 적지 않은 교사들이 이직을 문제로 찾아온다. 그들의 가장 큰 불만은 '생각했던 것과 너무 다르다'는 것이다.

직무 종류	초등학교	중학교	일반고	평균	비중 (수업시간 제외)
수업 담당 시간	20.93	18.33	16.44	18.57	
수업 계획 및 준비	7.49	7.93	10.09	8.50	담임 업무 70.7%
과제 검사 및 학생 평가	5.05	4.54	3.83	4.48	
생활지도	5.74	6.24	5.20	5.73	
학급경영 관련 활동	4.32	4.82	4.87	4.67	
자기계발 활동	3.25	4.21	4.13	3.86	
학부모 상담 및 협조	2.35	2.58	2.43	2.45	비담임 업무 29.3%
학교 경영 지원 업무	3.38	3.82	3.59	3.60	
공문서/기안 작성 및 결재	4.84	5.40	4.62	4.95	
기타	2.80	4.00	3.91	3.57	
전체	60.18	61.87	59.11	60.38	100%

2013년 전교조 조사 자료

아이들을 좋아하고 가르치는 일을 좋아해서 교사가 적성에 맞을 것이라 예상했는데, 막상 학교에 가보니 수업 시간이나 아이들과 함께하는 시간보다 다른 일의 비중이 더 컸다. 학생기록부를 작성하고, 학부모의 문의사항에 답변하며, 학교 행사를 준비하는 등 그들은 교사가 이렇게 다양한 일을 하는 줄 몰랐다고 말한다.

188쪽의 표를 보면, 초등학교를 기준으로 학생을 가르치는 업무는 '수업 담당 시간'(20.93시간)과 '생활지도'(5.74시간)로 주 평균 근무 시간 60.18시간 중 약 44.3%를 차지한 반면, 그 외 업무는 55.7%로 더 비중이 높았다. 중학교, 고등학교로 학년이 올라갈수록 그 외 업무의 비중은 각각 60.3%, 63.4%로 늘었다. 이를 바탕으로 교사들의 일상적 업무 다섯 가지와 그 비중을 아래와 같이 정의해보았다.

교사들의 일상적 업무와 비중

일상적 업무	비중(%)
수업	30
준비: 수업 준비 및 과제 평가	22
경영: 학급, 학교 지원, 문서 업무	22
지도: 생활지도, 자기계발 활동	16
상담 및 기타: 학부모 상담 및 기타	10

초등학교 교사의 일상적 업무와 그 비중을 정의해봤더니, 수업은 30%를 차지한 반면 그 외의 업무는 70%에 달했다. 지도 시간을 아이들과 함께 보내는 활동에 포함시킨다 하더라도, 여전히 절반 이상의 시간을 그 외의 목적으로 쓰고 있었다. 단순히 가르치는 게 좋아서, 아이가 좋아서 교사를 했다가는 예상 외의 복병으로 큰 코를 다칠 수 있는 업무 상황인 것이다.

그 일의 일상적인 모습을 모르고 무작정 새로운 일에 뛰어드는 것은 얼마나 위험한 일인가! 이런 실수를 이직할 때마다 반복하지 않으려면, 일에 대한 환상이나 막연한 이해 대신 그 일의 평균적인 하루 일과를 조사하고 매일 하는 행위들이 나의 본질과 어울리는지를 판단해야 한다.

나와 일의 궁합 맞추기

나를 찾아와 "생각했던 것과 너무 달라요" "다른 직장도 지금 직장과 별반 다르지 않으면 어떡하죠?" 하며 불안해하는 이들에게 나는 일과 자신의 궁합을 맞춰보라고 말한다. 현재의 일과 희망하는 일 사이의 업무 적합성을 수치로 비교해보는 것이다.

오른쪽 표와 같이 일상적 욕구를 기준으로 '현재 업무에서의 실제 충족도'와 '희망 업무에서의 예상 충족도'를 수치로 표기하고, 이를 비교해보자. 5점 만점을 기준으로 '아주 많이 충족'이면 5점, '거의 충족하지 못함'이면 1점을 부여한다. (이 도구는 현재 커리어 설계 워크숍에서도 사용하고 있지만, 독자와 양방향으로 소통할 수 없는 책이라는 매체의 한계 상 이 책에는 한층 단순화한 버전으로 담았다.)

예시) 업무 적합성 비교하기

나의 일상적 욕구	현재 업무에서의 실제 충족도	희망 업무에서의 예상 충족도
1. 명료하게 나의 생각을 전달하는 즐거움	2	5
2. 큰 그림 속 관계를 파악하는 즐거움	1	4
3. 장래에 발생할 리스크를 줄이는 즐거움	3	4
총 합계 점수	6	13

합계 점수를 보고 둘 중 어느 쪽이 만족도가 높은지, 어떤 욕구가 현재 직장에서 충족되는 반면, 어느 욕구는 전혀 충족이 되지 않는지를 파악할 수 있다. 현재 업무에서의 충족도 중 점수가 높은 항목은 '이 회사를 퇴사하지 않는 이유'이고, 점수가 낮은 항복은 '출근하기 싫은 이유'라고 볼 수 있다.

앞으로 "내게 맞는 일은 뭘까?" "해본 적 없는 일인데 내가 잘할 수 있을까?"라는 고민이 들 때마다, 업무 적합성을 비교하면서 다양한 가능성을 열어놓기를 바란다. 흔히 말하는 천직은 우연히 만나기도 하지만, 소수의 운 좋은 이들을 제외한 평범한 우리로서는 적극적인 태도로 다양한 일을 탐색하고 체험하며 리트머스지로 산도를 확인하듯 스스로 정의한 기준을 직접 대보는 방법 외에는 없다.

정말 간절하다면, 내가 나답게 살기 위해 충족시켜야 하는 나만의 욕구와 조건부터 제대로 정리해놓아야 한다. 그래야 천직을 만났을 때 알아볼 수 있는 안목을 가질 수 있다. 그렇지 않으면 내 운명이 코앞에 있어도 눈치 채지 못하고 그냥 스쳐 지나갈 것이다. (262쪽 '7단계 나와 일의 궁합 맞추기' SELF CHECK)

그 회사,
그 상사
고르는 법

그 회사, 그 상사 나와 잘 맞을까?

사회생활을 할 때 일만큼 힘든 것이 사람과 조직과의 관계다. 매일 얼굴을 부딪혀야 하는 상사와 갈등이 있다면? 가족이 아닌데도 끊임없이 가족적인 분위기를 요구하는 회사라면? 하루에도 몇 번씩 이 회사를 다녀야 해, 말아야 해 곱씹을 것이다.

일은 내 성향에 맞는지 아닌지, 개인의 의지로 선택할 수 있는 여지가 있다. 하지만 일하는 환경은? 본인이 오너이거나 관리자가 아닌 이상 회사와 조직에 변화를 줄 수 있는 여지는 거의 없다. 참을 만하면 남고, 싫으면 떠나는 것이다.

　　매번 복불복의 심정으로 회사를 고를 수는 없는 노릇이고, 위험을 예방할 수 있는 방법은 없을까? 이때는 앞서 일상적 욕구를 정의했듯, '이상적 환경'에 대한 기준을 세워보자.

　　먼저, 당신이 스타트업의 창업자가 되었다고 생각하고 그 회사의 이미지를 구체화해보자. 사무실을 얻을 위치, 건물 외관, 인테리어와 가구 배치, 고용할 사람들의 공통점, 그 사람들이 만들어낼 분위기, 외부나 동종업계에서 회사에 대해 내릴 평가나 묘사할 이미지를 다각도로 구체화해본다.

　　주의할 점은 지금 회사나 과거 회사의 싫었던 환경적 요소의 정반대 모습을 그려서는 안 된다는 것이다. 싫어하는 것의 정반대가 항상 원하는 것은 아니기 때문이다. 예를 들어, 회식을 너무 자주 하는 분위기가 싫었다고 회식이 없는 회사에 가면 행복할 것이라는 명제는 성립되지 않는다. 싫었던 것은 퇴근 후 자기 시간에 여유가 없었기 때문이지, 동료들과 가끔씩 교류하는 것까지 싫은 것은 아닐 수도 있다. 이 경우, 이상적 환경은 '개인의 시간을 확보할 수 있을 정도의 여유'라고 정리할 수 있다.

　　둘째, 당신이 한 가정의 가장이라고 상상하고 가족이 살 집, 배우자와 아이들, 가족만의 놀이, 문화, 소통 방식, 분위기 등을 그려보자. 이미 가정을 이뤘다면 만들고 싶은 가족의 모습을 생각해도 좋다. 가족에게 하는 잔소리나 꼭 부탁하는 것은 무엇인지, 아이들이 밖에 나가서 이

것만은 지켜줬으면 좋겠다고 생각하는 것은 무엇인지 등을 구체화해보는 것이다.

근무하고 싶은 이상적 환경을 정하는데 왜 뜬금없이 자신이 바라는 가정의 모습을 그리라고 할까? 일터에서 바라는 환경적 요소만을 생각하다 보면, 자신이 진정으로 바라는 것보다는 현재 일하는 곳에서 마음에 들지 않는 것의 반대 모습만 생각하기 쉽기 때문이다.

반면 가정은 선입견 없이 앞으로 만들고 싶은 환경만 상상할 수 있어 비교적 순수한 본질에 접근한다. 따라서 일터와 가정, 두 공간에서 공통적으로 원하는 요소가 있다면, 높은 확률로 당신이 바라는 이상적 환경이기 쉽다.

이상적 환경은 '회사'와 '가정'이라는 서로 다른 공간에서 공통적으로 희망하는 요소를 정리한 것이기에 어느 한쪽에만 국한되지 않는 보편적 형태로 정의되어야 한다.

잘못된 예)

회의할 때 상사가 팀원들의 의견을 무시하지 않는 분위기

(회사에만 국한되는 제한적 정의)

올바른 예)

각 구성원이 자유롭게 의견을 이야기하는 분위기

(회사, 가정 이외의 모든 경우에 적용할 수 있는 보편적 정의)

위의 과정을 거쳐 이상적 환경을 정리했다면, 현재 일하고 있는 곳과 앞으로 일하고 싶은 곳을 수치로 비교해보자. 머물러야 할지 떠나야 할지, 떠난다면 다음 회사는 어떤 환경이어야 할지, 명확한 기준을 세울 수 있을 것이다. (264쪽 '8단계 이상적 환경 설계하기' SELF CHECK)

예시) 이상적 환경의 적합성 비교하기

(5점 만점 기준)

나의 이상적 환경	현재 환경에서의 실제 충족도	희망 환경에서의 예상 충족도
1. 자유롭게 의견을 공유하는 분위기	2	4
2. 분명한 목적을 공유하는 공동체	1	3
3. 명확한 원칙에 따라 행동한다는 합의	4	5
총 합계 점수	7	12

검증하고
또
검증하라

최고의 이직 검증법 ① 실무자 인터뷰

"내 이직 계획이 괜찮을까? 현실성이 있을까?"

자신이 원하는 일과 환경을 설계했다 하더라도 과연 그 일이 그 환경이 정말 나와 맞을지 의문이 들기 마련이다. 이직 계획이 현실성이 있는지 검증하고 싶다면, '현재 그 일을 하는 사람' 또는 '과거에 그 일을 해봤던 사람'과 대화를 나눠봐야 한다.

영어로는 이런 대화를 informational interview라고 한다. 정보를 얻기 위한 실무자 인터뷰인 것이다. 이는 구직을 위한 job interview와는 그 성격이 전혀 다르다. 채용해달라고 면접을 보는 것이 아니라, 해당 조직과 직종을 직접 겪어보지 않았으니 간접 경험으로 부족한 정보를 보완하는 데 의의가 있다.

커리어 설계 워크숍을 진행하다 보면 실무자 인터뷰가 현실적으로 가능한 방법이냐며 의심부터 하는 의뢰인들이 적지 않은데, 근 10년째 이 방법을 추천하고 시도해봤지만 실패한 경우는 단 한 번도 못 봤다. 오히려 해보니 생각보다 쉽게 연결되더라, 안 했으면 큰일 날 뻔했다는 피드백이 대다수였다. 심지어 인터뷰 대상이 오히려 자신에게 감사 인사를 했다는 경우도 있었다.

겁을 먹고 시도하지 않는다면 그 효과를 평생 모를 것이고, 그것은 정말 안타까운 일이다. 이 책에서 내가 소개하는 커리어 검증 방법들 중 다른 무엇보다 이것만은 반드시 시도해보기를 바란다.

"어떻게 생판 모르는 사람을 인터뷰하나요?"

요청은 나의 권리, 거절은 상대방의 권리다. 상대방이 어떻게 생각할지, 바쁜데 괜한 실례인 건 아닌지 걱정하지 말고 당당하게, 대신 정중하게 인터뷰를 요청하자. 정말로 바쁘면 거절할 것이고, 바빠도 원한다면 본인이 시간을 만들어 응할 것이다.

당당해야 하는 또 다른 이유는, 당신만 일방적으로 얻어가는 시간이 아니기 때문이다. 앞서 인터뷰를 하고 상대방이 오히려 감사의 말을 했다는 경우는 예외적인 상황이 아니라 일반적인 반응이다.

어린 친구가 찾아와서 "저도 선배님처럼 일하고 싶은데, 실제로 해보지 않아서 확신이 안 서요. 그래서 몇 가지 질문을 드려도 될까요?"라고 묻는다고 해보자.

어느 누가 자신을 롤 모델이라고 말하는데 기분이 좋지 않겠는가? 자신이 겪은 시행착오를 예방할 수 있게 조언하고, 그가 현명한 판단을 할 수 있도록 돕고 싶지 않겠는가? 그게 바로 인터뷰를 요청받았을 때 상대방의 마음이다.

인터뷰 대상 역시 일상에 파묻혀 자신의 커리어를 돌볼 시간이 없었는데, 이 일을 계기로 본인이 지나온 길, 현재 하고 있는 일의 의미와 보람, 앞으로 하고 싶은 것을 반추해볼 수 있다.

두렵더라도 부디 당신이 동경하는 방식으로 일하고 살아가는 사람과 인터뷰를 해보자. 인맥이 부족하면 한 다리 두 다리 건너 가까운 곳부터 찾아보고, 그마저도 없으면 SNS, 저서, 강연 등으로 연락할 방법을 찾아서 직접 들이대 보자. 나는 대학생 시절부터 기회가 생길 때마다 인터뷰를 했다. 그 과정을 거치며 내가 전혀 알지 못하고 관심 없던 직업에 눈뜨는 기회를 얻기도 했다.

실무자 인터뷰를 하다 보면 구인 요청을 받거나 스카우트 제의를 받는 일도 있으니 일석이조이기도 하다. 나의 사례를 들면, 인터뷰를 하고 내가 원하는 프로젝트를 진행할 수 있는 새로운 포지션을 직접 만들어 입사한 적도 있었다. 장담하건데, 처음이 어렵지 두 번째부터는 네발자전거를 타는 것만큼 쉽고 재미있을 것이다.

만나서 무슨 질문을 해야 할까?

인터뷰를 할 때 연봉이나 복지, 입사 시험 준비 등 뻔한 것들을 물어본다면 안 하느니만 못하다. 인터넷에서 쉽게 찾아볼 수 있는 정보들이고, 꼭 그 상대방만이 대답해줄 수 있는 정보도 아니기 때문이다.

그렇다면 무엇을 물어봐야 할까?

인터뷰 당사자를 만나서 꼭 들어야 하는 이야기는 '일상에 대한 이야기'다. 우리가 앞에서 일상적 욕구와 이상적 환경을 설계했듯이, 내가 바라는 가장 이상적 환경에서 일하는 인터뷰 대상이 매일 어떤 업무(행위)를 하는지 상대방의 전형적인 하루 일과를 들어봐야 한다.

그래야만 일의 본질을 파악하고, 그 행위들이 나의 성향과 얼마나 적합한지를 평가할 수 있다. 이런 정보가 없다면 앞서 정의했던 일상적 욕구와 이상적 환경에 대한 디자인이 무용지물이 된다.

또 질문해야 할 것은, 인터뷰 대상이 어떤 성향을 갖고 있기 때문에 이 일을 선택했고, 실제로 일을 해보니 그 성향과 어떤 부분이 잘 맞고 안 맞는지를 물어봐야 한다.

인터뷰 대상이 나와 비슷한 즐거움을 추구하는 사람이라면 나도 그 일을 상대방과 비슷하게 느끼고 반응할 가능성이 높다. 하지만 나와 인터뷰 대상이 완전히 다른 즐거움을 추구한다면 반대의 경우도 성립될 수 있다는 점을 추측할 수 있다. 업무와 마찬가지로, 환경도 실무자 인터뷰로 검증할 수 있다.

실무자의 살아있는 정보를 바탕으로 이직 계획을 검증한 구직자들은, 막연한 환상과 추측에 커리어와 운명을 맡기는 사람들보다 더 빠르고 정확하게 자신에게 맞는 일을 찾아간다. 열성을 다해 인터뷰를 시도했는데도 잘 안 된다면 나에게 연락을 달라. 나는 진심으로 당신이 이 세계로 건너올 수 있도록 돕고 싶다.

마지막으로 202쪽에는 실무자 인터뷰를 할 때 활용할 수 있는 질문 샘플을 담았다. 인터뷰 대상과 업무에 대한 질문, 함께 일하는 사람들과 환경에 대한 질문, 조직과 업계에 대한 질문으로 구분해놓았으니 이를 기본으로 본인만의 질문을 추가해보자. 203쪽은 딱히 롤 모델이 없고 누구를 인터뷰해야 할지 모르겠다는 사람들을 위해 인터뷰 대상을 찾을 수 있는 루트를 소개한다.

실무자 인터뷰 질문 샘플

상대방과 업무에 대한 질문

· 전형적인 하루 일과와 각 업무의 비중은 어떤가요?

· 어떤 성향이나 능력이 잘 맞겠다고 생각해서 이 일을 선택했나요?

· 어떤 성향이나 능력이 실제로 본인에게 도움이 되고 있나요?

· 일과 중 어떤 종류의 업무를 할 때 가장 만족스럽거나 몰입하세요?

· 업무 중 가장 힘들거나 짜증나는 순간은 언제인가요?

함께 일하는 사람들과 환경에 대한 질문

· 같은 업무를 하는 동료들이 공유하는 성향이 있다면 무엇인가요?

· 이 업무에 가장 도움이 되는 성향이나 능력은 무엇이라고 생각하세요?

· 이 분야에서 가장 성공한 사람이 지닌 공통점이 있다면 무엇인가요?

· 업무 중 어느 부서나 직무의 사람과 협업 및 교류가 가장 많나요?

· 그 사람들의 성향 중 본인과 다른 점은 무엇이고 어떤 어려움이 있나요?

조직과 업계에 대한 질문

· 중간관리자와 임원의 일상은 어떤가요?

· 대표의 신조와 가치관은 무엇이고, 어떤 업무 스타일을 갖고 있나요?

· 회사에서 칭찬받는 사람과 적응 못하는 사람은 각각 어떤 유형인가요?

· 업계 내에서 귀사의 평가 및 평판은 어떤가요?

· 귀사와 경쟁사의 차이점은 무엇이라고 생각하세요?

누구를 인터뷰해야 할까?

인터뷰를 어디에서부터 시작해야 할지 모르겠다고 고민하는 분들을 위해 세 가지 출발점을 제안한다. 단, 이 방법은 출발점이지 유일한 수단이 되어서는 안 된다. 가장 효과적인 인터뷰는 역시 자신에게 제일 잘 맞는 인터뷰 대상을 직접 검색하고 섭외하는 것이다. 아래 세 가지 루트를 통해 첫 걸음을 떼어보고 그 후로는 직접 자신의 조건에 맞는 인물을 찾아보자. 얻을 수 있는 정보의 질과 깊이가 다르다.

소셜멘토링 잇다

1:1 취업 멘토링 서비스로, 본인이 원하는 현직 근무자를 만나 취업 고민을 해결하는 서비스다. 각 분야의 멘토에게 직접 질문할 수 있기 때문에 현실 직장생활을 쉽게 파악할 수 있다. 그렇다고 매번 심도 있는 상담을 기대하지는 말자. 그들도 직장인으로서 여가 시간을 쪼개 봉사하는 것이고, 이미 수많은 사람에게 질문을 받고 있을 것이다.

(www.itdaa.net)

링크드인

전 세계 인재들이 서로 인맥을 맺고 그 힘을 활용해 원하는 커리어를 얻도록 돕는 SNS 서비스다. 자신과 연결된 지인의 지인들까지 몇 다리 건너 소개받을 수 있는 기능이 있다. 하지만 전문 분야가 약한 사회 초년생이라면 네트워킹이 어려울 수 있다. 서로가 주고받을 것(정보, 영업 기회 등)이 확실한 경우에 유용한 사이트다.

(www.LinkedIn.com)

관심 있는 업계 및 직종의 사보

규모 있는 회사라면 직원 인터뷰를 홈페이지에 게시하거나 도서관에 비치된 사보에 싣는 경우가 많다. 어떻게 그 일을 하게 되었고, 무슨 업무를 하고 있고, 어떤 보람을 느끼며 일하는지 등 꽤 자세한 일상을 들여다볼 수 있다. 또한 사내용 기사이기에 전문 내용이나 업계 정보까지 얻을 수 있다. 참고로 '카카오 홈페이지>인재영입' 섹션에 직원 인터뷰가 매우 잘 정리되어 있다.

때로는
양다리가
필요하다

최고의 이직 검증법 ② 양다리 전직법

커리어 계획이 현실성이 있는가 없는가를 판단하는 검증법 중 추천하고 싶은 두 번째 방법은 양다리 전직법이다.

미래라고 하면 먼 이야기 같지만, 요즘 시대는 당장 내일도 미래라고 할 만큼 변화의 주기가 짧아지고 있다. 여태껏 안정적이라고 여겼던 직업이 갑자기 사라지고, 새로운 직업이 생성되는 경향이 가속화될 것이다. 단순히 회사를 옮기는 이직을 넘어 직업 자체를 바꾸는 전직이 불가피하고, 여러 개의 커리어를 동시에 굴리는 일도 점점 흔해질 것이다.

그래서일까? 산업혁명 초기에는 대량생산 방식에 맞춰 각자 특화된 분야나 기능에 전문성을 갖춘 직업들이 생겨났다면, 요즘은 과거 다빈치나 정약용이 그랬듯 한 사람이 여러 직업을 소유하는 N잡러가 느는 추세다.

근래에는 본업으로 삼은 직업이나 산업의 예상치 못한 변화에 대비하기 위해 부업을 하는 사례가 늘고 있다. 특히 인터넷 방송, 블로그, 강연, 컨설팅 등 개인 콘텐츠를 기반으로 한 사업과 이를 제공하는 플랫폼은 그 규모가 눈에 띄게 붙고 있다.

사실 부업은 다음 커리어를 미리 체험해보는 테스트베드로서 최고의 도구다. 나 역시 본업과 함께 부업을 해왔고, 의뢰인들에게도 적극적으로 권하는 커리어 전환 방법 중 하나다. 나는 이를 '양다리 전직법'이라고 부른다.

양다리 전직법은 본인의 성향과 강점이 하고자 하는 일에 얼마나 적합한지를 확인해보는 용도이므로 꼭 많은 수입을 낼 필요는 없다. 하지만 사업성이나 수익을 검증할 수 있는 좋은 기회가 되기도 한다.

처음에는 돈을 받지 않고 재능 기부의 형태로 시도해보자. 예를 들어, 주말에만 해보다가 가능성이 어느 정도 확인되면 퇴근 후 몇 시간씩 적은 비용을 받고 단발성으로 해보는 것이다. 그러다 수익이 조금씩 늘면 본격 프로젝트나 사업으로 운영하면서 할애하는 시간과 노력의 비중을 늘리면 된다.

초반에는 본업 대 부업의 시간 투자 비율이 9:1이라면, 8:2, 7:3으로 점점 비중을 늘려본다. 여건이 허락되면 5:5나 3:7까지도 시험해본 후 1:9 혹은 온전히 10으로 옮겨오는 것이 가장 이상적이다.

양다리는 연애에서는 비난받을 일일지라도, 이직에서는 상당히 유용하다. 최근 개인 콘텐츠 사업이나 1인 기업이 느는 까닭도 직업적 실험을 할 수 있고, 시대 변화와 대중의 관심사에 맞춰 커리어를 변화시키는 데 가장 적합한 방식이기 때문이다. 기업은 물론이고 개인도 사업 영역의 다각화가 절실한 시대에, 우리가 할 수 있는 대비는 다양한 대안을 미리 만들어놓는 노력일 것이다.

나답게,
흔들림 없는,
북극성 설계

평생 나를 이끌어줄 커리어를 찾아서

꿈은 이루어지지 않는다. 그리고 이루어지지 않기 때문에 꿈이라 할 수 있다. 건강한 꿈이란, 영원히 이루어지지 않고 언제 어디서든 우리가 올바른 방향으로 갈 수 있도록 돕는 존재여야 한다. 마치 북극성처럼 말이다. 북극성은 'North Star'라는 이름 외에도 '깃대'를 뜻하는 단어 'pole'을 사용한 'Pole Star'로 불리기도 한다. 어느 방향에서 보든 기준이 되어주기 때문이다.

꿈은 북극성처럼 '목표'가 아니라 '방향성'이어야 한다.

목표나 계획이 있더라도 방향성이 없으면 그 계획이 틀어졌을 때 헤맬 수밖에 없다. 이는 목표를 이룬 후에도 마찬가지다. 설령 목표를 이루어도 방향성이 없는 탓에 그다음 목적지를 찾아 헤매거나 허탈함에 빠지기 쉽다.

내 주변에도 그런 사람들이 있다. 한 선배는 7년 동안 사법시험 합격만을 목표로 하며 살아온 사람이었다. 그는 2차에서 두 번 연속 떨어진 후 "이제 어떻게 살아야 할지, 뭘 해야 할지 모르겠어"라며 몇 년을 아무것도 하지 못한 채 방황했다.

반면 또 다른 선배는 세계 최고의 투자은행인 골드만삭스 뉴욕 본사에서 일하는 것이 꿈이었다. 그는 목표를 이뤄 본사에 입사했지만 3년 만에 퇴사했다. 자신이 왜 이런 직업을 선택했고, 삶을 살기를 원했는지 도저히 모르겠다는 것이 퇴사의 이유였다. 그 후 그는 금융업과 전혀 관련 없는 시리얼 사업을 시작했다. 그리고 15년이 지난 지금, 그는 누구보다 열정적으로 일하고 있다.

두 사람의 차이는 무엇일까? 자의로든 타의로든 목표했던 일을 할 수 없을 때 '방향성이 없는 사람'은 허망함에 빠져 영영 길을 잃는다. 반면 '방향성이 있는 사람'은 잠시 우왕좌왕하지만 어떤 어려움이나 반대가 있어도 묵묵히 자기 길을 갈 용기와 확신을 잃지 않는다.

이쯤에서 고집스럽게 자신의 방향성을 지켜나가는 한 사람의 이력을 분석해보겠다. 탄핵 정국에서 장미 대선을 치르고 제19대 대통령선

거에 당선된 문재인 대통령의 이야기다.

　　문재인 대통령의 이력을 돌아보면, 본인이 계획했던 것들보다는 시대와 주변 사람들의 필요에 부응해 맡게 된 일들이 대다수였다. 젊은 시절, 그는 인권 변호 활동을 했는데 사실 그가 원래부터 하려던 일은 아니었다고 한다. 당시 억울한 사정이 많았던 노동자들을 대변하다 보니 자연스레 인권 변호사로 자리매김한 것이다. 그 후 그는 노무현 전 대통령의 요청으로 참여정부 시절 민정수석과 비서실장을 지낸다. 대통령 후보로 거론될 당시에도 정치에 욕심이 없다는 의사를 비쳤지만, 당의 요청에 부응하기 위해 대선주자로 나서기도 했다.

인권 변호사 - 민정수석과 비서실장 - 국회의원 - 대통령

　　그렇다면 문재인 대통령은 자신의 의지가 아닌 타인의 의지대로 삶을 설계한 걸까? 아니다. 물론, 대통령이라는 직책이 그가 꿈꾸던 조용한 삶과 다르고 의도했던 계획은 아니더라도, 문재인 대통령은 자신만의 방향성을 고집스레 지키며 살아왔다.

　　문재인 대통령의 방향성은 무엇일까? 평소 그가 말해왔던 발언에 비추어봤을 때, 나는 그것을 '원칙을 지키는 세상을 만드는 것'이라고 조심스레 추측해본다. 이 명확한 동기와 진로 선택의 기준이 그를 지금의 길로 이끌었고, 법률과 정치는 '원칙이 지켜지는 세상'을 만들기 위한 여

러 도구 중 마침 그에게 주어진 도구였을 뿐이다.

문재인 대통령의 꿈은 절대 이루어질 수 없다. 사익을 위해 원칙을 어기고, 억울한 상황에 놓이는 일은 어느 시대, 어느 곳에서나 일어나기 때문이다. 하지만 이런 비현실성 덕분에, 그는 매순간 그 꿈을 북극성삼아 한결같은 목적을 갖고 살아올 수 있었을 것이다.

대통령직을 내려놓은 후, 그의 이름 앞에 붙는 타이틀이나 직업은 수차례 변할 수 있다. 하지만 그것들 모두 인간 문재인이 추구하는 가치를 실현하는 다양한 방법일 뿐 그 본질은 늘 같을 것이다. 사실 그래서 은퇴 후 자연인 문재인이 어떤 일을 하든 하나도 놀랍지 않다. 그가 그 일을 하는 이유는 언제나 한결같을 것이기 때문이다.

커리어 관리는 인생 관리와 같다

문재인 대통령처럼 언제 어디에서든 북극성이 되어줄 방향성을 찾으면 "앞으로 뭘 해서 먹고살지?" "다음은 어디로 이직하지?"라는 질문에서 벗어나 평생을 이끌 커리어를 설계할 수 있다.

212쪽은 필자의 북극성을 찾는 과정이다. 나는 꽤 다양한 커리어를 거쳤는데, 대학에서는 심리학을 전공하고, 졸업 후에는 마케팅 리서치 업무를, 이직해서는 외식 사업 컨설팅에 종사했다. 그 후로는 개인과 기업을 대상으로 커리어와 조직문화를 컨설팅하고 있다.

뒷장의 표를 보면, 필자의 이력과 함께 각각의 이력을 선택한 이유도 확인할 수 있다. 이처럼 '북극성 찾기'는 자신이 지금까지 거친 대표 이력을 적고, 이력을 선택한 동기를 파악하는 것에서 출발한다. 그다음 각각의 동기를 자신의 일상적 욕구의 why 요소와 결합시켜 큰 맥락을 뽑는다면 나만의 북극성을 찾을 수 있다.

한 가지 당부하면, 북극성은 자신이 했던 모든 경험과 선택을 100% 빠짐없이 말해주는 완벽한 설명은 아니다. 내 삶에 흐르는 큰 맥락, 약 80%를 말해주는 전반적인 설명이라고 보면 된다. 커리어 관리는 인생 관리와 같다. 모두가 자신만의 북극성을 발견하여 평생 흔들림 없는 삶을 일궈나가기를 바란다. (266쪽 '9단계 나의 북극성 찾기' SELF CHECK)

예시) 필자의 북극성 찾기

필자의 경험(이력)	필자가 그 경험을 선택한 이유(동기)	일상적 욕구의 why 요소
고교 아카펠라 그룹	교내 동양인은 잘 하지 않는 활동	고유함 (나)
대학 심리학 전공	다양한 인간상 이해	고유함 (타인)
마케팅 리서치 업무	소비자의 욕구 이해	고유함 (타인)
외식 해외사업/컨설팅	건강한 식문화 전파 (신체 건강)	관점 공유
커리어 코칭 (개인)	개인의 가치 발굴, 만족스러운 삶 (정신 건강)	관점 공유, 고유함 (타인)
조직문화 컨설팅 (기업)	개인의 가치 활용, 조직 내 시너지 (정신 건강)	관점 공유 고유함 (타인)

필자의 일상적 욕구

1. 고유한 특성을 발굴하는 즐거움
2. 새로운 연결고리를 발견하는 즐거움

⇩

필자의 북극성

나와 타인의 고유함을 발굴하고,
유용한 삶의 관점을 사회와 공유하는 것

잘 만든
커리어는
인생을
관통한다

최고의 이직 검증법 ③ 커리어 스토리텔링

북극성(방향성)을 설계했다 하더라도 "이 길이 내 길이야!" 하며 완벽히 확신하기란 쉽지 않다. 또한 주변 사람들도 당신을 가만 놔두지 않을 것이다.

동료 "전직을 한다고? 지금껏 쌓아온 경력이 아깝지 않아?"

어머니 "사서 고생하지 말고 하던 일을 계속하는 게 낫지 않겠니?"

친구 "이게 진짜 너한테 맞는 일이라고 확신할 수 있어?"

계획을 밝힌 순간, 수많은 방해꾼들이 등장해 당신을 흔들 것이다. 이런 불안함을 극복하는 가장 좋은 방법은 아이러니하게도 주변 사람들에게 당신의 커리어 계획을 꾸준히 설명하고 설득하는 것이다.

꽤 잘 짰다고 생각했던 계획도, 막상 설명해보면 다양한 의문과 의심에 부딪히게 된다. 생각하지 못했던 문제점, 모순, 논리의 허술함이 드러난다. 하지만 여러 차례의 검증 과정을 거치면서 계획은 다듬어지고 완성도는 더 높아진다.

대학 강사들 사이에서는 한 시간 수업을 위해 열 시간의 준비 시간이 필요하다는 말이 있는데, 실제로 내가 강의를 해보니 열 시간은커녕 더 많은 시간이 필요하다. 가르칠 범위보다 10배 더 넓게 알아야 하고, 가르칠 대상보다 10배 더 명확히 이해해야 타인에게 제대로 설명할 수 있다. 이는 이직이나 전직 계획을 검증할 때도 마찬가지다.

커리어 계획이 타당한지 아닌지를 혼자서 고민해봤자 아무 소용없다. 그러니 부담 없이 만나 이야기를 나눌 수 있는 사람들(가족, 친구, 동료, 지인 등)에게 커리어 계획을 설명하고 그들의 집단 지성을 활용해보자. 그들은 당신이 보지 못했던 문제를 발견하고, 더 치밀하고 현실적인 계획을 만드는 데 큰 도움을 줄 것이다.

그렇다면 언제쯤 커리어 계획이 완성되었다고 확신할 수 있을까? 과거·현재·미래까지의 커리어를 하나의 맥락으로 연결해 스토리텔링을 할 수 있을 때, 커리어 계획의 80%가 완성되었다고 볼 수 있다. 그리고 주변 사람들에게 커리어 스토리텔링을 들려주고 누구나 공감한다면 그때는 진짜 완성이다.

유시민의 커리어 스토리텔링

그런 의미에서 현재 다이나믹한 커리어를 만들어가지만, 맥락의 일관성만은 그대로 유지하고 있는 한 사람의 커리어 스토리텔링을 소개하겠다.

요즘 어린 친구들은 유시민이 과거에 정치인이었다는 사실을 잘 모른다. 예능 방송 프로그램에서 등산복 차림으로 출연해 밤새 막걸리를 마시면서 낭만에 취해 시를 읊고 웃고 떠드는 모습이 더 친숙한 탓이다. 하지만 그의 커리어를 되짚어보면 평범하지도, 평탄하지도 않았다.

국회의원 보좌관 → 언론인 → 정치인 →
보건복지부 장관 → 정치인 → 작가/방송인

유시민은 대한민국 정치인으로서 대표적인 커리어를 쌓아왔다. 대학 시절에는 유신정권에 맞서 싸우던 학생운동의 중심에 있었고, 5.18 광주민주화운동 전날 유일하게 학생회관을 밤새 지키다가 신군부에 체포되어 고문을 받고 군대에 끌려갔다. 굉장한 토론 실력자여서 선배들을 당황하게 했고, 법학·경제·복지·역사 등 정치인과 행정가로서 갖춰야 할 기본 소양도 탄탄했다.

이후 개혁국민정당을 창당하고 2선 국회의원으로 활동했으며, 참여정부 시절에는 보건복지부 장관으로 정책을 펼쳤다. 한때 그는 야권의 대권주자 일순위로 지목되기도 했고, 실제로 경선에도 출마할 만큼 실력과 영향력을 두루 갖춘 정치인이었다.

하지만 그는 2013년 정계 은퇴를 공식 선언한다. 최근에는 그나마 당적을 남겨뒀던 정의당에서도 탈당하면서 정치와의 인연을 완전히 끊었다. 정치와 떼려야 뗄 수 없어 보이는 사람이 왜 자꾸 정치와 선을 긋는지 사람들은 의아할 뿐이다.

하지만 지금까지 이 책을 읽으면서 본질을 보는 연습을 해온 독자들이라면 그에게는 다른 이유가 있을 거라고 추측할 수 있을 것이다.

사실 유시민의 커리어 기저에 흐르는 맥락은 명확하다. 그 스스로도 그 맥락을 잘 이해하고 있으며 평소에도 자주 표현했다. 이는 곧 유시민이 자신의 성향과 욕구를 잘 파악하고 있다는 뜻이다.

그의 발언과 행보를 통해 내가 유추해본 유시민의 북극성은 저서 《어떻게 살 것인가》에서도 표현한 것처럼 '인간으로서의 자존(自尊)을 지키는 즐거움'이라고 요약할 수 있다. 이는 학창시절 '서울대 프락치 사건'으로 재판을 받을 당시 제출했던 항소이유서에도 잘 드러나 있다.

"다음 본 피고인은 우선 이 항소의 목적이 자신의 무죄를 주장하거나 1심 선고 형량의 과중함을 호소하는 데 있지 않다는 점을 분명히 밝혀두고자 합니다. 이 항소는 다만 도덕적으로 보다 향상된 사회를 갈망하는 진보적 인간으로서의 의무를 다하려는 노력의 소산입니다."

항소이유서는 자신의 무죄나 경량의 타당함을 주장하는 글이다. 그런 항소이유서를 자신의 무죄를 입증하는 것이 아니라 인권 탄압에 반대하는 입장을 펴는 성명서이자, 판검사들을 교화하기 위한 도구로 사용하는 사람이 그 말고 또 있을까? 그의 우선순위는 자신의 이해득실에 앞서 인간의 자존을 지키는 것에 있었다.

그는 서울대학교에 들어가 정권의 하수인이 되기 싫다는 이유로 법대를 전공하는 대신에 경제학과를 선택했고(당시 서울대학교는 학부제로

2학년 때 전공을 선택), '인간으로서의 자존'을 지키기 위해 학생운동에 나섰다. 언론에서 사람이 사람답게 살아가는 데 필요한 이슈들을 외면하는 것을 보고, 시사평론가가 되어 다양한 언론에 기고하기도 했다. 영상이 보편화된 요즘에는 방송에서 사람들이 역사와 시사를 쉽게 접할 수 있게끔 설명해주면서 사람답게 사는 것이 무엇인지를 고민할 수 있도록 돕고 있다.

정치는 다른 사람과 손을 잡고 사회적인 선과 미덕을 실현하는 행위다. 그런 점에서 내게 정치는 스무 살에 야학 교사를 한 것과 방식만 다를 뿐 본질은 같다.

《어떻게 살 것인가》中

위의 글에서 알 수 있듯, 그는 여러 이력을 전전했지만 일관되게 자신의 욕구와 가치를 실현해왔다. 학생운동을 하고 정치인으로 살았던 과거부터 작가와 방송인으로 활동하는 현재, 그리고 미래의 일까지 그는 '인간으로서의 자존감을 지키는 즐거움'이라는 일관된 방향성을 지켜나갈 것이다.

이와 같이 커리어 스토리텔링은 과거·현재·미래가 일관된 맥락으로 흐를 때, 비로소 누구든 설득할 수 있고 스스로도 확신을 얻을 수 있다. 지금까지 자신의 커리어에서 기저에 흐르는 맥락을 발굴하고, 하나의 스토리텔링으로 엮어보자. 그리고 주변 사람들과 끊임없이 이야기를 나누자. 그 대상이 나 자신이든, 가족이나 연인이든, 잠재 고용주나 면접관이든, 나의 스토리를 정리해보는 것은 괜한 오해나 비난을 예방하고 자신이 한 선택들의 당위성을 설득하는 데 꼭 필요한 일이다. 그리고 무엇보다 나 스스로가 확신을 갖고 묵묵히 자신의 길을 가기 위해서, 살면서 한 번쯤은 거쳐야 할 과정이다.

결국
본질을
향해
나아가리라

일관되지 않는 스토리는 화를 부른다

"그깟 커리어 스토리텔링이 뭐라고?"

이렇게 생각하는 사람이라면 주의 깊게 봐야 할 사례가 있다. 스토리가 일목요연하게 연결되지 않을 경우, 그 사람에 대한 신뢰성이 급격히 떨어질 수 있기 때문이다. 바로 안철수 의원의 이야기다.

만약 내가 안철수 의원의 정치 자문이었다면 그의 인생과 커리어를 일목요연한 스토리로 구성해 유권자를 설득했을 것이다.

"그냥 교수나 계속하지, 왜 정치판에 뛰어들어서는…."

그를 지지하든 지지하지 않든 대부분의 사람들이 안철수를 안타까워하며 하는 말이다. 명망 있는 교수이자 잘나가는 사업가였던 그는 왜 정치에 뛰어들었을까? 정치적 신념을 떠나서 커리어로만 그를 분석해 보자.

안철수만큼 롤러코스터를 탄 듯 변화무쌍한 이력을 지닌 인물도 드물다. 그는 가업을 이어 의사로 커리어를 시작했다. 서울대학교 의대를 졸업한 뒤 단국대학교에서 기초의학과 학과장을 맡았고, 컴퓨터 바이러스 검사 프로그램 V3를 만든 후 안랩AhnLab을 세워 기업가로 활동했다. 스탠퍼드 MBA를 유학한 후에는 카이스트와 서울대학교에서 MBA 과정을 맡아 가르쳤다. 그리고 2011년 특이하게도 출마 선언이 아닌 서울 시장 불출마 선언으로 정치에 입문했다.

의사 → 의대 교수 → 기업가 → MBA 교수 → 정치인

만약 당신이 학생 시절 부모님께 "엄마, 저는 의사 했다가 교수 했다가 기업가 했다가 정치인이 되고 싶어요"라고 말한다면 부모님은 뭐라고 할까? 아마도 "으이구, 하나나 잘해라" 하고 타이를 부모가 대다수일 것이다.

무분별한 이력처럼 보이지만, 그의 언행과 커리어를 분석한 후 나는 안철수의 북극성을 '고장 난 것을 시스템을 통해 체계적으로 고치는 즐거움'이라고 추측할 수 있었다.

<u>안철수의 북극성</u>
고장 난 것을 시스템을 통해 체계적으로 고치는 즐거움

의사는 고장 난 몸을 고친다. 그리고 의대 교수는 사람의 몸을 고치는 의사들이 자신의 일을 더 잘할 수 있도록 체계를 잡는 역할을 하는 사람이다. 이후 그는 컴퓨터 백신을 개발해서 고장 난 컴퓨터를 고쳤고, 더 나아가 수많은 컴퓨터를 체계적으로 고치는 회사를 세웠다.

기업가로 활동하면서 그는 친 대기업 정서의 한국에서 창업을 하고 중소기업을 운영하는 데 문제점이 있다는 것을 깨달았다. 그 후 MBA 교수가 되어 창업가·기업가 정신을 배양하는 데 힘을 썼다. 이 또한 고장 난 기업 환경을 체계적으로 고치고 싶은 그의 욕구가 반영된 행보라고 볼 수 있다.

그런 그가 정치인이 된 이유도 별반 다르지 않았다. 한국의 정치 환경에 문제가 있다고 생각하고 그것을 혼자서 일일이 고치기보다는 시스템 전반의 변화를 주고자 뛰어든 것이다. 그가 정치인으로 데뷔하며 처음 들고 나온 키워드 '새정치'를 보면 그 의지를 읽을 수 있다.

결국 안철수가 의사를 한 이유, 기업가가 된 이유, 정치를 하는 이유는 본질적으로 같다. 이런 스토리텔링이 담긴 그의 가치가 잘 설명되었다면 그의 신념과 진실성이 지금보다는 더 믿음을 얻지 않았을까?

젊은이들의 멘토에서 한순간에 구태 정치인의 이미지로 전락했음에도 아마 안철수는 이 일을 그만둘 수 없을 것이다. '고장 난 것을 시스템을 통해 체계적으로 고치는 즐거움'은 그에게 너무 당연한 일이고, 주변에서 비난하고 뜯어말려도 지켜내야 하는 사명이기 때문이다. 언젠가는 정치판을 떠날지 모르지만, 또 다른 직업이나 방법으로 고장 난 것을 체계적으로 고치는 일을 계속할 것이다.

아무리 일관성이 없고 중구난방의 커리어에도 분명 당신이 추구하는 일관성이 숨어 있다. 그 결과가 성공이든 실패이든, 당신은 그 길을 갈 수밖에 없었을 것이다. 본질이, 성향이, 핵심역량이 그렇게 생겨먹었기 때문이다. 이전 경력과 비교해 경험, 배경, 연관성 등이 전혀 없는 새로운 일에 도전할 때 누군가 당신의 진심을 믿지 못하고 의문을 제기한다면, 당황하지 말고 미리 정리한 커리어 스토리텔링으로 당당하게 설명할 수 있기를 바란다.

직업과 — 사랑에 — 빠지지 마세요

　　내가 의뢰인들에게 당부하는 말이 있다. "직업이나 회사와 사랑에 **빠지지** 마세요." 주식투자를 할 때도 종목과 사랑에 빠지지 말라는 조언이 있다. 투자 종목에 너무 애착을 갖다가 손실이 늘어나는데도 손절을 하지 못하는 것을 경계하라는 의미다.

　　직업도 마찬가지다. 많은 사람들이 원하는 직업을 갖지 못해서, 꿈꾸는 회사에 들어가지 못해서, 꿈을 이루지 못했다며 괴로워한다. 그러고는 고백한 이성에게 거절당한 것마냥 그 분야는 아예 포기하고 전혀 다른 꿈을 찾아나선다.

　　직장생활에 괴로워하던 사람들이 워크숍에 참석한 후 새로운 일에 도전할 생각에 의욕으로 가득 차 있는 모습을 보면, 나는 기쁘면서도 한편으로는 조마조마하다. 그들이 새로이 품은 '꿈' 때문에 실망하거나 자존감이 낮아질까 봐 걱정되는 것이다.

계획했던 변신에 성공하지 못하더라도 절망하거나 포기하지 말자. 그보다는 현실적인 해결책을 계속해서 찾아나가기를 당부하고 싶다. 첫 아이디어로 사업에 성공하는 사람이 드물듯, 시행착오와 개선 과정을 통해 한 걸음씩 내가 원하는 모습에 가까워지는 것이 자신에게 맞는 일을 찾아나가는 방법이다.

그러니 그 직업이나 회사가 아니면 안 된다는 생각은 그만두자. 당신이 생각하는 이상적인 삶에 대한 기준이 명확하다면, 이를 실현할 수 있는 방법은 해변의 모래알만큼이나 많다. 뭐로 가든 서울만 가면 된다. 기차를 놓쳤다면 좌절하지 말고, 고속버스를 타고 서울로 가라. 서울로 가는 게 중요하지, 기차를 타는 것이 중요한 게 아니다. 지금 이 순간 현실적인 선택지 안에서 나의 가치관과 욕구를 충족시킬 수 있는 방법을 찾아 최선을 다하고, 시간이 흘러 선택의 영역이 넓어지면 또 그때의 최선책을 찾으면 된다.

목표는 언제든 변경할 수 있고, 목표를 버리는 것이 포기나 실패가 아니라는 사실을 잊지 말자. 대신 꿈은 꼭 붙들어라. 목표는 당신이 될 수 없지만, 당신이 추구하는 가치와 욕구를 대변하는 꿈은 곧 당신이기 때문이다. 어떤 경우에도 당신을 버리지 않기를 바란다.

(6장)

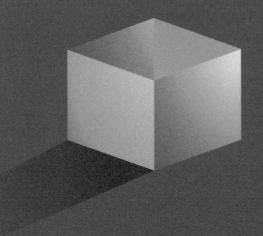

먹고살기 위해?

(결국은
　　행복하기 위해)

일-한-다

360명이
모두
1등이
되는 법

나만의 길을 달려나간다면 모두가 1등

"모든 사람은 천재로 태어났고, 그 사람만이 할 수 있는 일이 있습니다. 360명이 모두 같은 방향을 쫓아서 경주를 하면, 아무리 잘 뛰어도 1등부터 360등까지 있을 겁니다. 하지만 남들과 같은 방향으로 뛰는 게 아니라, 내가 뛰고 싶은 방향으로 각자가 뛰면 360명이 다 1등을 할 수가 있어요. best one이 될 생각을 하지 마세요. only one, 하나밖에 없는 사람이 되세요. 쓰러져 죽더라도 내가 요구하는 삶을 가라는 겁니다."

80년 넘는 세월 동안 온전히 자신의 길을 걸어온 이어령 선생의 말이다. 그는 또 이런 인터뷰 글을 남겼다.

"젊은이들의 가장 큰 실수는 자기는 안 늙는다고 생각하는 것이죠. 젊은이는 늙고, 늙은이는 죽어요. 그러니까 내일 산다고 생각하지 말고, 오늘 이 순간의 현실을 잡으라는 겁니다. 젊음을 제대로 살아보지 못한 사람은 '살아봤자 내일도 똑같고 모레도 똑같고, 아이고 그냥 (이렇게 살다가) 죽자' 그럴지도 몰라요. 지금 젊음을 열심히 살아야 늙을 줄도 알고, 열심히 늙음을 살아야 죽음의 의미도 압니다."

이어령 선생의 말을 요약하면 하나는 미래를 위해 현재를 저당 잡히지 말라는 것, 둘은 열심히 산다는 건 자격증 공부를 하거나 야근을 많이 하는 게 아니라 지금 자신이 원하는 삶에 충실하라는 것이다. 백세를 앞둔 노익장은 그것이 각자의 인생에서 1등을 하는 방법이라고 말한다.

어떻게 하면 그의 말대로 내 삶에 충실하며 살 수 있을까? 그 답은 우리가 지금껏 정의해왔던 '나의 본질'과 '나답게 살기 위한 조건'을 명확히 하는 것일 테다. 설령 지금 당장은 구체적인 계획이나 목표가 없더라도 나의 본질과 나답게 살기 위한 기준점을 인지하고 있다면 언젠가는 자신에게 맞는 길을 찾아갈 수 있다.

얼마 전 나에게 이메일로 감사 인사를 전한 우지영 씨도 그런 경우였다. 그녀는 워크숍이 끝날 때까지 하고 싶은 일과 일하고 싶은 조직에 대한 조건만 세웠을 뿐 구체적인 직업이나 목표를 정하지는 않았다.

워크숍을 마치고 3개월 뒤에 그녀는 기존에 일하던 호텔리어를 그만두고, 뮤직비즈니스 쪽에서 일하게 되었다는 이메일을 내게 보냈다. 그로부터 3년의 시간이 지났다. 그녀가 현재 자신의 일에 만족하고 있는지, 반대로 자신과 전혀 맞지 않는다고 후회하고 있는 건 아닌지 내심 걱정이 들고 궁금했다. 오랜만에 연락해 근황을 물으니, 다행히도 그녀는 여전히 같은 일을 하며 만족하고 있었다.

우지영 씨가 처음 나를 찾아왔을 때 그녀는 호텔리어 2년차였다. 사람을 만나는 걸 좋아해 호텔리어로서 고객에게 서비스를 제공하는 일에 보람을 느낀다고 했다. 그럼에도 그녀는 나이트 근무와 사내 인간관계 등으로 몸과 마음이 지쳐 있었다. 분명 호텔리어로서 만족스러운 부분(사람을 만나는 일)은 있었지만, 그 만족감을 채우기 위해서는 많은 장애물을 거쳐야 했다. 고민 끝에 그녀는 호텔리어가 자신의 강점을 100% 발휘할 수 있는 직업이 아니라는 판단을 했다.

그녀는 어려서부터 음악을 좋아했다. 단순히 음악을 듣는 것에 그치지 않고 직접 공연장을 찾아가 그 가수와 호흡하기를 좋아했고, '언젠가는 나도 수천 명의 관객들을 감동시키는 사람이 되어야지. 만약 내가 안 된다면 좋아하는 가수의 곁에서 도움이 되는 사람이 되고 싶어'라는 생각을 품고 있었다. 돌고 돌아 많은 경험을 한 끝에 그녀는 자신이 하고 싶은 일을 뒤늦게 발견하고 결심을 세웠다.

그럼에도 고난은 있었다. "호텔경영이 전공인데 왜 음악과 관련한 일을 지원했나요?" "호텔리어 경력이 왜 2년뿐입니까?"라는 날카로운 질문에 속수무책으로 당할 수밖에 없었다. '하고 싶은 일을 위해 이렇게까지 좌절할 필요가 있나?' '편하게 전공을 살려서 하던 일이나 계속할까?'라는 생각이 매분 매초 떠오르다 가라앉았다. 하지만 지영 씨는 심기일전하며 밑바닥부터 배우겠다는 자세로 이력서를 다시 썼다. 그리고 현재 그녀는 월간 윤종신에서 뮤직 비즈니스 업무를 맡고 있다.

그녀는 좋아하는 음악을 맘껏 들으며 아티스트에 대해 분석하고 의견을 나눌 수 있어 무엇보다 기쁘다고 전했다. 또한 음반 작업 과정을 직접 볼 수 있고 신곡이 나오면 먼저 들어볼 수 있는 영광도 누리고 있다고 한다.

사실 이번 직장은 그녀의 다섯 번째 직장이다. 어린 나이에 다섯 번째 직장이라고 말하면 사람들은 그녀를 끈기 없는 사람이라고 생각할 수 있지만, 그녀는 그 시간을 후회하지 않는다고 했다.

"끈기가 없는 게 아니라 진짜로 제가 원하는 게 무엇인지를 찾는 '나를 위한 시간'을 보냈다고 생각해요. '돌아왔지만 결국 왔구나'라는 생각이 들어요. 아직까지 저도 제가 뭘 잘하는지 확실히 답할 수는 없지만 제가 싫어하는 게 무엇인지는 확실하게 말할 수 있어요."

앞으로 음악에 대한 내공을 더 쌓고, 나중에는 마음이 맞는 아티스트들과 자기만의 회사를 차려보고 싶다는 그녀의 편지글 중 일부를 소개한다. 자신의 삶에 충실하고 자신만의 길에서 1등으로서 살아가는 그녀의 이야기에 독자들 역시 귀 기울여주기를 바란다.

처음 앤디 쌤의 커리어 설계 워크숍에 참가했을 때는 제 성향을 잘 이해하지 못했어요. 그래도 성향은 어디서든 꼭 필요한 부분일 것이라고 생각했어요.

예를 들어, 저는 다양한 방법으로 소통하는 것을 좋아해요. 주변 사람들과 원만한 관계를 이어가고, 다양한 사람들의 특성에 잘 맞춰주는 성향도 강합니다. 이러한 것들이 두루 합쳐져 엔터테인먼트에서 필요한 성향을 갖춘 사람이 된 것 같습니다. 이 일을 하면서도 제가 가진 강점이 잘 발휘되길 바라고 그렇게 성장해나가길 희망해요.

저의 강점을 알고 나니 '내가 이런 사람이었구나'라는 것을 다시한 번 인지하게 되었어요. 물론 구직에도 도움이 되었지만, 개인적으로 나라는 사람을 충분히 인지하고 사랑하다 보니 상대를 대하는 법도 많이 달라졌어요.

자존감을 높이는 데도 정말 많은 도움이 되었습니다. 저는 제 자신을 많이 사랑하지 않았는데 강점을 알고 나니 꽤 근사한 사람으로 느껴지더군요. 근거 없는 자신감일지라도 어깨를 쭉 펴고 세상을 마주하게 되었죠.

많은 사람들은 연애를 하면서 상대에게 맞춰주기 바쁘죠. 그 사람에게 관심을 받기 위해 싫어하는 것도 숨긴 채 말예요. 못 먹는 파스타를 먹거나, 잘 가지도 않는 PC방을 따라가는 것처럼요.

유희열 씨가 말했어요.

"편한 그대로의 모습을 보여줄 수 있는 상대를 만나세요. 연극은 끝나기 마련입니다."

이 말은 비단 커리어뿐만 아니라 살아가는 데에도 필요한 말인 것 같습니다. 있는 그대로의 나를 받아들이고 자신의 성향을 아는 사람이라면 어디를 가서도 나다운 모습으로 사랑받을 수 있다고 확신합니다.

매일 조금씩,
내가
일하고 싶은
모습으로

'모' 아니면 '도'의 이직은 금물

인간에게 가장 공포스럽고 괴로운 것은 아마도 미지의 영역일 것이다. 낯선 길, 어두운 방, 끝이 보이지 않는 터널, 처음 겪는 일, 사후 세계…. 이 모든 것의 공통점은 다음에 무슨 일이 일어날지 모른다는 것이다. 이런 공포에 휩싸였을 때 우리는 조급한 결정을 내리기 쉽다.

이직을 고민하거나 준비하면서 가장 해로운 것이 조급함이다. 스스로 조급해하지 않으려고 해도 주변 요인이 당신을 가만두지 않는다. 금전 압박, 가족과 연인에 대한 부채 의식, 커리어 탐색에 투자한 시간이 길어질수록 커지는 기회비용 등 불안 요인을 찾자면 끝이 없다.

그렇다고 조급함에 굴복해서 한 방에 자신에게 딱 맞는 일을 찾아 이직하기를 바란다면 탈이 나기 쉽다. 그냥 한번 넣어본 회사에 합격해 버려 덜컥 이직하거나, 더 이상 고민하기 싫어서 가장 연봉이 높은 직업을 고르면, 다음 이직까지 3~5년 혹은 그 이상의 고통스러운 삶을 보낼 수 있다.

조금은 여유를 갖고 신중하게 선택하는 편이 좋다. 퇴사 후 몇 개월 정도 쉬면서 이전 직장에서의 경험과 교훈을 정리하고 앞으로의 커리어 방향을 탐색해보는 것도 나쁘지 않다. 어떤 상황 안에 있을 때는 판단하기 어렵던 것들이 밖으로 나오면 조금 더 객관적으로 보이는 경우가 많고, 직업이나 회사도 그 안에 있을 때 보이는 것과 나와야 보이는 것들이 서로 다르다.

'당장의 현실에 타협하는 것'과 '완벽하게 나에게 맞는 일을 바로 찾는 것'처럼 모 아니면 도의 극단적인 옵션만 놓고 결정하지 말자. 최대한 현재 나에게 주어진 자원을 활용하여 점진적으로 적합성과 만족도를 높여나가는 방법이 옳다.

처음에는 일과 나와의 궁합이 30% 정도였다면, 다음 이직에서는 40%로, 그다음 직장에서는 50%로, 조금씩 높이며 이직하는 것이 더 현실적이다. 당장 이직을 할 수 있는 상황이 아니라면, 현재 업무 중 내 의지로 조절할 수 있는 부분부터 나에게 맞는 방식으로 변형해가는 것도 괜찮다.

'다음 직업은 무엇으로 하지?'보다는 단기적으로 '어제보다 조금 더 나답게' 일하려고 노력하고, '중장기적으로 어떻게 커리어의 방향을 잡느냐'가 관건이다. 그렇게 충실히 하루하루를 보내다 보면, 어느덧 나에게 맞는 일과 삶으로 변해 있을 것이라고 약속한다. 내가 직접 썼던 방법이기에 그 효과를 알고, 그동안 나를 거쳐 간 의뢰인들 또한 그렇게 자신의 커리어를 만들어갔다.

정체된
커리어를
극복하고
싶다면

커리어 설계 불변의 원칙

당신은 여러 번의 시행착오 끝에 현재는 꽤 만족스럽게 일하고 있다. 그렇다면 여기서 커리어 설계를 멈춰야 할까? 당연히 아니다. 커리어 설계는 꾸준히 적극적으로 평생 해야 할 삶의 자세다. 이 사실은 누구에게나 예외 없이 적용된다. 설령 다음 이직에서 원하는 업무와 회사를 찾더라도 1년, 2년이 지나면 정체기를 맞게 된다. 그때마다 '내가 원하는 것은 무엇인가?'라는 질문을 품고 커리어에 대한 고민을 멈춰서는 안 된다. 이것이 커리어 설계에 있어 꼭 기억해야 할 절대 원칙이다.

백호암 씨는 이 원칙을 꾸준히 실천해온 의뢰인이었다. 그는 커리어 설계 워크숍 초창기에 참가했던 고객인데, 이제는 종종 만나 소식도 전하고 서로 중요한 일이 있을 때마다 찾는 반가운 친구가 되었다.

그는 나를 만나기 전에 컴퓨터 공학을 전공하다가 진로를 틀어 현대미술을 전공하기 위해 프랑스 유학을 자력으로 준비할 만큼 원하는 것을 치열하게 고민하고 추구해온 사람이었다. 한국으로 돌아와 〈반 고흐전〉 〈폴 고갱전〉 〈점핑 위드 러브전〉 〈피영전〉 등 전시기획자로 승승장구하던 그는 자신이 진심으로 하고 싶은 일, 즉 천직이라 부를 만한 직업을 일찍 발견한 케이스였다. 그럼에도 이를 더 만족스럽게 구현할 분야나 환경을 찾고 싶다는 생각에 나를 찾아온 것이다.

당시 그는 프랑스에서 미술대학을 졸업한 후에 대형 미술 전시를 기획하는 기획사에서 2년 동안 일하고 있었다. 지난 2년 동안 8개의 대형 전시를 기획해 오픈했는데, 일을 할수록 문화예술 기획은 그의 기대와는 전혀 다른 업무 환경이었다. 매번 새롭고 창의적일 줄 알았던 미술 전시 기획은 상업적 성공을 위해 반복되는 문법 속에서 기획되었고, 점점 상상력을 발휘하기 힘들어졌다. 그에게는 이름만 다른 동일한 프로젝트의 연속이었던 것이다. 결심 끝에 그는 다른 직장에서 새로운 업무를 시도해보기로 했다.

처음에는 벽에 부딪혔다.

자신이 어느 분야에서 어떤 일을 하고자 하는지 알 수 없었기에 인터넷을 뒤지며 동분서주했다. 겨우 원하는 일을 찾았을 때는 책과 인터넷을 뒤지며 겉핥기식 정보를 얻었을 뿐이다.

그러던 중에 커리어 설계 워크숍에 들어와 머릿속에서 추상적으로만 그렸던 상상 속 업무 환경을 프로그램을 통해 구체적이고 논리적인 데이터로 변환시킬 수 있었다. 실무자 인터뷰를 거치며 여러 직업군을 조사하고 실제 업무 모습을 한눈에 데이터로 비교해본 후에, 그는 큰 고민 없이 이직을 시도할 수 있었다.

현재 그는 위치기반 데이터 기업인 HOBB의 대표로, 문화예술과 IT 분야에서 7년간 사업을 이끌어오고 있다. 그가 무엇보다 만족스러워하는 점은 다양한 분야의 전문가들이 모여 창의적인 목표를 위해 서로의 관점을 제시하는 업무 환경을 만든 것이다. 그는 상업적 영역 안에서도 충분히 창조적 활동을 할 수 있고 누군가와 함께 만들어가는 일이 무척 매력적이라고 말했다. 당시 워크숍에서 호암 씨가 정의했던 세 가지 일상적 욕구가 현재 그가 맡고 있는 일에 어떤 영향을 주고 있는지 그의 글을 빌려 소개하고 싶다. 정체된 커리어를 극복하고 싶은 이들에게 큰 도움이 되리라 믿는다.

저는 '뚜렷한 용도나 전략이 없어도 정보나 물건을 수집하고 저장하는 즐거움'이 큰 사람입니다. 실제 평소에도 분야를 가리지 않고 많은 정보와 물건을 수집하는 성향이 강하죠. 그렇게 모인 지적 자원은 미술작품 활동에 큰 도움을 주고 있습니다.

이런 저의 성향은 현재 우리 회사의 주 업무와 연결됩니다. 각 도시의 분야별 전문가의 디지털적 생활 데이터를 빅데이터로 수집하여 사업에 활용하고 있기 때문이죠. 나도 모르는 사이에 나의 성향과 평소 습관이 새로 시작한 사업의 기본 소스가 되고 있습니다.

제 또 다른 성향은 '미래에 대한 가능성으로 영감, 비전, 희망을 주고 개선하는 즐거움'입니다. 아마도 이것 때문에 한 회사의 대표로서 즐거움을 느끼며 일하는 것 같아요. 우리 서비스의 확장성과 가능성에 대한 긍정적 기대와 희망을 상상만으로 끝내는 것이 아니라, 떠오른 영감을 실제화하여 서비스에 적용할 때마다 뿌듯함을 느낍니다.

마지막 성향 '카오스 속에서 본질을 찾아내고, 다양한 대안으로 난관을 극복하는 즐거움'은 사업을 이끌어가는 위치에서 자주 부딪힐 수밖에 없는 여러 어려움 앞에 초연하게 대처할 수 있게 해줍니다. 맞닥뜨린 어려움 앞에서 혼란보다는 대안을 찾고 동료들과 대화를 통해 해결 방안을 모색해 극복해나가는 것이 제게는 힘든 일이 아닙니다. 오히려 즐거운 일이죠.

이렇게 내가 원하는 직업의 성향을 나의 성향과 비교해보는 것은 제게 큰 도움이 되었습니다. 단순히 전공 분야와 기업의 명성만 좇아 직장을 구하는 게 아니라, 내 성향을 바탕으로 구체적인 비교 분석을 하면서 직업을 선택할 수 있었기에 행복한 직장생활을 하고 있다고 저는 생각합니다.

덤으로 업무 시간 외의 하루 일과를 계획하는 데도 큰 도움이 되었어요. 아무 생각 없이 끌리는 대로 해오던 평소 습관을 더 유용하게 사용하고 강화할 수 있는 방법을 찾았고, 이런 변화가 저를 크게 성장시켰습니다.

이런 경험 덕분일까요? 저는 사람들이 자기 자신과 대화하는 시간을 많이 가지면 좋겠습니다. 제 삶을 차분하게 바라보면 아무렇게나 살아온 것 같지만 분명 꾸준히 무언가가 쌓여왔다고 생각합니다. 그게 무엇인지 알아보고 또 해석하는 건 바로 나 자신밖에 없습니다.

이상형의 조건은 당사자가 제일 잘 알고 있지 않을까요? 원하는 삶이 무엇이며 어떤 일을 해야 하는지 알고 싶다면, 그 답을 알고 있는 나에게 물어보고 또 꾸준히 대화하며 올바른 방향을 찾는 것이 가장 빠를 것입니다.

미래에도
인간은
결국
일한다

미래시대 인간의 일은 줄어들까?

어느 순간 워라밸(work-life balance의 약어)이라는 말이 남녀노소를 가리지 않고 널리 쓰이고 있다. 사실 워라밸만큼 지금 세대가 추구하는 이상적인 직업 조건이 있을까! 그 말에는 월급 덜 받고 남들에게 부러움 덜 받아도 괜찮으니 인간답게 살고 싶다는 소망이 담겨 있다.

하지만 나는 워라밸이 앞으로의 세상에서 과연 현실 가능한 일인지 의문이 든다. 노동법이 개선되고 한국의 기업문화가 서양의 선진 기업문화로 바뀌다 보면 워라밸이 올까? 4차 산업혁명의 기술들이 발전하면 우리는 삶을 돌려받을 수 있을까?

슬프게도 내 대답은 '아니오'다. 기업문화가 선진화되고 기술 혁명이 일어나도 인간의 일하는 시간이 현격하게 줄어들지는 않을 것이다. 물론, 나 역시 내 예상이 틀렸으면 좋겠지만….

산업혁명 초기 기계가 일부 노동을 대체했지만 인간은 여전히 그 외 다른 일을 해야 했다. 밤낮없이 돌아가는 기계의 업무 리듬에 맞추느라 인간이 해야 할 일은 오히려 늘어났다. 컴퓨터와 인터넷의 발달로 전 세계가 하나로 연결된 지금도 마찬가지다. 업무가 대도시의 시간대를 따라 쉬지 않고 돌며 인간을 재촉한다.

나 역시 미국에서 선진문화를 추구한다고 자부하는 기업과 도시에서 회사생활을 할 때조차 온전히 워라밸을 누리지 못했다. 퇴근 무렵 인도 데이터센터에 분석 업무를 맡기면, 불가리아 팀이 분석 결과를 이어받아 보고서를 작성하고, 내가 일어날 시간에 맞춰 결과물을 보내주면 나는 그 업무를 이어받아 하루를 시작하고는 했다. 밤사이 잔뜩 쌓인 이메일과 쉬지 않고 반짝이는 블랙베리의 LED 불빛 때문에 핸드폰을 보기만 해도 우울증이 올 것 같아 집에 오면 무조건 뒤집어놓던 적도 있었다.

많은 이들이 기술의 발달로 인류가 일자리를 잃을까 걱정하지만, 기술로 대체된 인간의 노동만큼 인간 고유 영역의 다른 업무를 찾아내는 것이 적어도 지금까지의 패턴이었다. 따라서 4차, 5차, 그 이후의 산업혁명이 와도 자본주의라는 시스템이 변하지 않는 한 노동의 강도는 달라지지 않을 것이라 나는 예상한다.

하지만 일을 하는 목적은 조금 달라질 수 있다. 생존을 위한 생산 행위보다는, 경험을 제공하기 위한 생산 행위의 비중이 점차 늘어나는 방향으로 변화할 것이다. 즉, 단순히 먹고살기 위해 일하는 것이 아니라, 새로운 경험을 제공하기 위해 일하는 비중이 점점 더 커질 것이다.

음식과 생필품의 생산은 인류의 수요를 넘어선 지 이미 오래다. 이런 세상에서는 기능적 유용성보다 자신의 경험에서 우러나온 고유 감정과 관점을 어떻게 타인을 위한 제품과 서비스로 녹여내느냐가 더 중요한 생산 척도가 될 것이며, 이미 많은 산업이 그렇게 하고 있다.

대표적으로 IT 산업을 이끄는 페이스북, 인스타그램, 유튜브는 정보를 주고받는 플랫폼에서 그치지 않고 재미있는 생각을 공유하고 함께 노는 놀이의 장이 되었다. 애플은 단순 전화기 제조사이기 이전에 일상을 영상으로 찍고 공유할 수 있게 해주는 하드웨어와 소프트웨어를 만드는 회사다. BMW는 목적지까지의 이동 수단이 아니라 브랜드 슬로건으로 내세운 표현 그대로 Driving Experience(운전 경험)를 제공하는 일종의 엔터테인먼트 회사다.

이런 변화들을 고려했을 때 유추할 수 있는 개인의 변화는, 업무에서 얻은 스트레스를 사생활에서 취미나 여행으로 푸는 기존의 'work vs. life' 개념처럼 일과 삶이 서로 양립할 수 없는 별개의 영역으로 머물지 않을 것이라는 점이다. life를 되찾기 위해 work를 포기해야 할 필요도 없을 것이다. 개인의 경험은 업무에 소재와 영감을 제공할 것이고, 업무에서 만든 결과물은 다시 삶에서 새로운 경험을 할 수 있게 해주는 도구나 수단으로 쓰일 것이다. 결국 work와 life는 상호 보완하는 피드백 루프 feedback loop의 구조를 이룰 것이다.

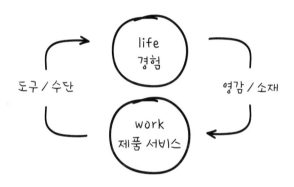

결국 타인에게 얼마나 더 독특한 경험을 제공할 수 있는지가 경제 가치로 이어질 것이라는 점, 따라서 미래사회에서의 일이란 life를 work로 구현해내는 자기실현이 될 것이라는 점이 앞으로 일어날 변화라고 나는 생각한다.

게다가 이러한 변화는 이미 어느 정도 현실화되었다. 돈이나 사회적 지위 대신 조회 수나 구독자 수 등 타인의 라이프스타일에 미치는 영향력이 권력의 기준으로 자리 잡기 시작했다. 또한 개인이 자신의 창의활동을 공유할 수 있는 경로도 다양해져 이제는 온라인으로 게임을 하거나 음식을 먹으며 코멘터리를 곁들이는 개인 방송을 하는 사람들이 수십 수백억의 연매출을 올리고 있다.

꼭 이렇게 직접적으로 소비자를 대하는 일을 하지 않더라도, 어느 산업에서 어느 기능을 하든 제대로 된 life를 갖고 있는 사람이 work에서의 성과와 만족도를 얻게 되리라는 예상은 동일하다.

일과 삶의 분리가 아니라 일과 삶의 일치로

평범한 직장인들은 그럼 어떻게 살아남아야 할까?

안 그래도 부족한 개인 시간을 쪼개어 동아리와 취미생활에 투자해야 할까? 하지만 이는 기존에 출근 전·퇴근 후에 스터디를 하고 학원을 다니는 것과 다를 바 없다. 사실 이름만 갈아 끼운 일이라고 단정할 수 있다. 실제로 요즘 직장인들 사이에서 부는 체험 열풍은 부족한 life를 어떻게든 채워보려는 간절한 몸부림의 결과로 보인다.

그러나 진정한 워라밸은 일과 삶의 대립적인 개념도 소비 행위도 아니다. 그보다는 '덕업일치(관심사와 직업의 일치)'의 개념과 생산 행위에 더 적합하다.

이전에는 자기만의 관심사나 취미에 빠진 사람을 오타쿠otaku의 한국어 표현인 '덕후'라고 놀렸지만, 요즘은 그 덕후들이 각광받고 있다. 커피 덕후, 게임 덕후, 음식 덕후, 여행 덕후, 영화 덕후…. 그들이 바로 미래의 전문직이 될 것이라고 나는 예상한다.

크게 줄지 않는 노동 시간의 울타리 밖에서 별도의 life를 찾는 것이 아니라, work와 life의 경계를 허물고 일 자체에 자신이 추구하는 삶을 반영하게 될 것이다. 즉, work와 life를 최대한 일치시키는 것이다.

물론 취미를 일로 하면 덜 재미있고 힘든 순간이 오는 것은 맞다. 나만 해도 한때 재능 기부로 하던 일을 지금 업으로 삼은 뒤 최근 몇 년 사이에 수명이 단축되는 것 같은 경험을 했다. 의도하지 않았지만 일중독자처럼 보일 수도 있다. 일을 취미처럼 하니까.

하지만 내가 추구하는 삶이라고는 전혀 찾아볼 수 없는 일을 여덟 시간 동안 재미없게 하고 저녁 한두 시간 동안 life를 누리는 것보다는, 업무 중에 힘든 순간도 있지만 순간순간 살아있음을 느끼는 여덟 시간이 낫지 않겠는가!

자본주의 체제에서 누구나 돈을 벌어야 하고 육체적으로 힘든 건 마찬가지라면, 최소한 일하는 동안 정신적으로 즐거움과 보람을 느끼자는 것이 내가 권하는 워라밸이다. 시간의 비중으로 따지는 피상적인 워라밸이 아닌 심리적 워라밸 말이다.

물론 지금 당장 취미생활을 업으로 삼으라는 이야기는 절대 아니다. 덕업일치가 누구나 쉽게 갈 수 있는 길은 아니라는 것을 나도 잘 알고 있다. 다만 이 책에서 그동안 꾸준히 이야기한 것처럼, 스스로가 본질적으로 추구하는 삶의 방식 또는 가치와 최대한 일치하는 업과 조직을 찾기 위해 포기하지 말고 계속 노력하고, 한 단계씩 앞으로 나아가길 바란다. 이는 경제적·시간적으로 여유로운 은수저 금수저가 아니라도 누구나 이룰 수 있는 워라밸이기 때문이다. 그리고 누구나 그렇게 살아야 하는 시대가 왔기 때문이다.

나에게
(맞는)

‒

커리어 설계법

1단계

▼

나의 일상적 욕구 정의하기

내가 진짜 원하는 게 뭐지?

일상적 욕구란 우리가 매일같이 추구하는 욕구다. 일을 할 때, 생활을 할 때, 사랑을 할 때 나는 어떻게 행동하고, 왜 그 행동을 하는지 파악해보고, 공통되는 패턴을 정의해보자.

이 과정에서 내가 어떤 행위를 할 때 더 행복할 수 있는 사람인지 판단할 수 있다. 일상적 욕구는 '나에게 맞는 커리어 설계법'의 모든 단계에서 꼭 활용되는 기준이니 충분히 자신의 일상을 관찰해 정의해보자.

86~87쪽의 '나의 성향을 찾는 질문 리스트'에서 자신의 욕구를 정의할 수 있는 질문을 뽑아 그에 맞는 what, how, why를 채워보자. 그리고 why와 how의 공통점을 세 가지로 정리하되 '~하는 즐거움'이라는 능동적 행위의 형태로 적는다.

나의 일상적 욕구 정의하기

question	what	how	why
주로 무엇을 하며 휴식하나?	마사지, 온천욕	붐비지 않는 새벽에	짧은 시간 대비 피로를 많이 풀 수 있어서
즐겨하는 운동이나 활동은 무엇인가?	사이클, 러닝	근처 공원에서 혼자	운동하고 금방 돌아올 수 있어서

공통점
(성향)

1. 자원을 효율적으로 사용하는 즐거움
2. .... 즐거움
3. .... 즐거움

2단계

▼

일상적 업무와 비중 정의하기

나는 매일 어떤 일을 하고 있나?

    출근해서 퇴근할 때까지의 업무 루틴을 그려보자. 여기서 주의할 점은 어쩌다 한 번 하는 업무를 적기보다는, 매일 혹은 주기적으로 반복하는 일상 업무를 다섯 가지로 요약해 적는다.

    그리고 다섯 가지 업무의 총 소요 시간을 100%라고 봤을 때, 각각의 업무가 차지하는 비중을 백분율로 나눠본다. 이를 통해 지금 자신이 하는 일의 특성과 성격을 객관적으로 파악할 수 있다.

일상적 업무와 비중 정의하기

일상적 업무	비중(%)
대출신청서류 검토	40
대출심사결과 보고서 작성	30
고객 응대	15

3단계

▼

출근하기 싫은 이유 진단하기
현재 직장에서 무엇이 충족되지 않나?

출근하기 싫은 이유는 현재 직장에서 무엇이 불만이고, 나의 어떤 욕구가 충족되지 않는지를 보여주는 지표다. 막연히 '나는 이 일(이 직업)이 안 맞는 것 같아'라는 생각만으로는 부족하다. '나는 ○○○ 때문에 이 일이 안 맞아. 나는 ○○○하게 일하고 싶은데 그게 안 되고 있어'라고 분명히 정의할 수 있어야 한다.

이때 포인트는 '출근하기 싫은 이유'를 떠오르는 대로 작성하는 게 아니라, 1단계에서 정의했던 '나의 일상적 욕구' 중 구체적으로 어느 욕구와 충돌하기 때문에 만족스럽지 않은지를 연관시켜서 작성한다.

출근하기 싫은 이유 진단하기

일상적 업무	비중 (%)	출근하기 싫은 이유 (나의 일상적 욕구를 기준으로)
대출신청서류 검토	40	쏟아지는 요청으로 큰 그림 파악 불가능
대출심사결과 보고서 작성	30 ·	명료하게 내 생각을 정리할 여유 없음

4단계

▼

퇴사하지 않는 이유 진단하기

그 회사를 떠나지 못하는 이유는?

'출근하기 싫은 이유'에서 나에게 '충족되지 않는 욕구'가 무엇인지를 찾았다면, '퇴사하지 않는 이유'에서는 현재 나를 '충족시키는 욕구'가 무엇인지를 알 수 있다. 현재 회사에서 어떤 욕구 때문에 퇴사를 망설이고 있다면, 그 욕구는 다음 커리어에 있어서도 만족도를 결정짓는 중요 요소가 될 것이다.

현재 업무나 회사가 마음에 들지 않는다고 해서 '이 회사에서 만족할 만한 게 있을 리가 없잖아' 하고 단정 짓고 제대로 분석하지 않는다면 이직 과정에서 자신이 원하는 욕구를 놓쳐버릴 수 있다. 아무리 작더라도 내가 만족하는 부분을 정확히 분석하고 앞으로의 커리어에서 최대한 유지하려고 노력해야 한다.

퇴사하지 않는 이유 진단하기

일상적 업무	비중 (%)	출근하기 싫은 이유 (나의 일상적 욕구를 기준으로)
점주 요청 응답 및 처리	50	해당 없음
매장 클레임 해결	20	경청하여 합의점 찾기 가능

5단계

나의 핵심역량 찾기
평범한 이력서에서 나의 잠재력을 찾아라

대학 전공부터 아르바이트, 인턴, 봉사활동, 그리고 현재에 이르기까지 실제 이력서에 기재할 만한 모든 경험(이력)을 나열해보자. 그리고 각 경험에 자신의 일상적 욕구를 대입하고, 그를 통해 체득할 수 있었던 업무 노하우를 찾아본다.

업무 노하우란, 엑셀이나 스피치 능력과 같은 스킬이 아니다. 업무 노하우의 핵심은 "이 경력을 통해 내가 '본질적으로' 무엇을 얻었고, 어떻게 바뀌었나"이다. 예를 들어 매일 클라이언트에게 발표하는 일을 맡은 사람의 경우, 그의 업무 노하우는 단순히 '발표 능력이 좋다'가 아니라 '타인을 설득하는 구성 능력이 좋다'라고 본질적으로 정의되어야 한다. 본질적 정의를 하면 일을 할 때뿐만 아니라 여행에서든 대인관계에서든 업무 외적인 일상생활에서도 핵심역량을 적용할 수 있다.

마지막으로 각 경험을 통해 얻은 업무 노하우들의 공통점을 찾아본다. 그것이 당신만의 핵심역량이다.

나의 핵심역량 분석하기

경험(이력)	경험을 통해 얻은 업무 노하우	일상적 욕구 how 요소
건축학 전공	상대를 설득하는 발표 구성하기 스토리텔링	타인 이해 니즈 파악
건축설계 사무소 (설계 업무)	상대의 라이프스타일 및 욕구 분석 갑작스러운 요청과 변화에 대체 가능한 옵션 만들기	타인 이해 니즈 파악

나의 일상적 욕구

....

⬇

업무 노하우를 어떻게 활용하는가?

....

⬇

나의 핵심역량

....

6단계

▼

일의 본질 찾기

내가 하는 일의 정체를 밝히다

개인에게 성향이 있듯이 일에도 성향이 있다. 나와 그 업무가 잘 맞는지 안 맞는지를 알아보려면, '나의 본질(성향)'과 '일의 본질'을 알아야 한다.

일의 본질은 마치 초등학생 아이에게 질문을 받아 답하듯, 간단명료하고 쉽게 설명할 수 있어야 한다. 워크숍에서는 참가자들이 모두 초등학생으로 돌아가 한 사람에게 일의 본질을 묻는 질문을 무작위로 던져 간단명료한 답을 얻어내지만, 책에서는 가상의 초등학생의 인물을 설정하고 스스로에게 질문해본다.

자녀든 조카든 이웃집 아이든 상관없다. 마치 그 아이에게 자신의 일을 설명하듯 쉽게 풀어 말해보자. 여기서 중요한 것은, 일의 본질이 자신의 성향과 맞닿아 있어야 한다는 점이다.

일의 본질 찾기

Q 언니/형은 뭐 하는 사람이에요?

A ....

Q 그게 어떤 일인데요?

A ....

Q 이해가 안 돼요. 더 쉽게 말해주세요.

A ....

Q 왜 그걸 해야 해요? 꼭 필요한 일이에요?

A ....

Q 결국 한마디로 말하면 뭐예요? 아래처럼 정리해주세요.

A .... / .... / .... / ....
     (who)   (what)   (why)   (how)

7단계

▼

나와 일의 궁합 맞추기
이 일이 정말 나와 맞는 걸까?

꿈꾸던 회사에 들어가 일을 시작했지만, 막상 현실은 자신이 생각했던 것과 너무 다르다고 말하는 경우가 많다. 그런 실패를 줄이기 위해서는 현재의 업무와 희망 업무 사이의 적합성을 객관적인 점수로 수치화해봐야 한다.

5점 만점을 기준으로 '아주 많이 충족'이면 5점, '거의 충족하지 못함'이면 1점을 부여한다. 이를 통해 현재 직장에서 어떤 일상적 욕구가 충족되고 있는지, 희망하는 업무를 할 때 얼마나 만족하고 불만족할 수 있는지를 세부적으로 파악하고 비교해 볼 수 있다.

업무 적합성 비교하기

(5점 만점 기준)

나의 일상적 욕구	현재 업무에서의 실제 충족도	희망 업무에서의 예상 충족도
명료하게 나의 생각을 전달하는 즐거움	2	5
총 합계 점수		

8단계

▼

이상적 환경 설계하기

그 회사, 그 상사 나와 잘 맞을까?

나만의 이상적 일상을 설계했듯이 이번에는 나에게 맞는 이상적 환경을 설계해보자. 마치 한 회사의 창업자로서 내가 만들고 싶은 회사를 백지에서부터 그린다는 심정으로 회사의 이미지를 구체화한다.

주의할 점은 지금 회사나 과거 회사의 싫었던 환경적 요소의 정반대 모습만 그려서는 안 된다. 불행하지 않은 내가 꼭 행복한 나라는 보장이 없기 때문이다. 눈을 감고 차분한 마음으로 내가 가장 이상적으로 생각하는 환경을 그려보자. 꼭 회사라는 틀이 아니라 가정이나 마을처럼 공동체를 이루는 환경 전체로 가능성을 열어놓고 생각해보자.

이상적 환경을 세웠다면, 각 항목에 대해 현재 일하고 있는 곳과 희망하는 곳의 충족도를 점수로 평가해본다. 5점 만점을 기준으로 '아주 많이 충족'이면 5점, '거의 충족하지 못함'이면 1점을 부여한다.

나의 이상적 환경의 적합성 비교하기

(5점 만점 기준)

나의 이상적 환경	현재 환경에서의 실제 충족도	희망 환경에서의 예상 충족도
자유롭게 의견을 공유하는 분위기	2	4
총 합계 점수		

9단계

▼

나의 북극성 찾기

평생 나를 이끌어줄 커리어를 찾아서

꿈은 목표가 아니라 방향성이다. 목표나 계획이 있더라도 방향성이 없다면 그 계획은 틀어질 확률이 높고, 목표를 달성하더라도 그다음을 알 수 없어 방황할 수 있다. 1년 앞도 내다보기 힘든 시대이다. 따라서 나만의 방향성 즉, 북극성을 찾는 시도가 필요하다.

자신의 대표 이력을 항목별로 적는다. 각각의 이력을 선택한 동기를 적고, 일상적 욕구의 why 요소와 결합시켜 큰 맥락을 뽑아내어 자신만의 방향성, 즉 북극성을 정의해볼 수 있다.

나의 북극성 찾기

필자의 경험(이력)	필자가 그 경험을 선택한 이유(동기)	일상적 욕구의 why 요소
대학 심리학 전공	다양한 인간상 이해	고유함(타인)
마케팅 리서치 업무	소비자의 욕구 이해	고유함(타인)
외식 해외사업/컨설팅	건강한 식문화 전파 (신체 건강)	관점 공유

⇩

> ### 나의 북극성(인생테마)
>
> 나와 타인의 고유함을 발굴하고,
> 유용한 삶의 관점을 사회와 공유하는 것

마음이
이끄는 대로
해보는 것

어느덧 작별의 시간이 왔다.

2001년부터 나와 지인들의 커리어를 관찰하고, 커리어 설계 워크숍에서 많은 사람들을 만나면서 체계화한 것들을 이 책에 담아 최대한 전달하려고 노력했다. 책은 오프라인 모임에서처럼 직접 얼굴을 대면하고 양방향 소통을 할 수 없는 매체이지만, 책이든 워크숍에서든 전달하려는 메시지는 한결같다.

"많이 노세요."

나는 이 책의 독자 여러분이 제발 많이 놀았으면 좋겠다. 잘 놀아야 내가 어떤 사람인지, 내가 뭘 원하는지, 내가 무엇과 잘 어울리는지 깨달을 수 있다. 놀이는 나의 욕구를 발견하는 가장 좋은 방법이자 성향을 이해하도록 돕는 힌트이며, 성향을 강점으로 만드는 첫 번째 단계다.

하지만 많은 사람들이 내면의 목소리에 귀 기울일 줄 모르고, 자신의 욕구를 좇는 것은 더욱 낯설어 한다. "언제가 가장 즐거웠나요?"라고 물으면 마지막으로 즐거웠던 게 언제였는지 기억조차 안 난다고 한다. 이런 모습을 보면서 나는 '마음이 이끄는 대로 해보는 것도 연습이 필요하구나, 그러려면 많이 노는 것이야말로 최고의 연습이겠구나' 하고 생각한다.

'무엇을 좋아하고 싫어하는지' '무엇을 할 때 보람을 느끼고 누구와 함께 할 때 행복한지' '어떤 사람이 되고 싶고 어떻게 기억되고 싶은지'에 대한 답은 먼 곳에 있지 않다. 심리학이나 철학을 배워야만 깨닫는 심오한 영역도 아니다.

나에 대한 관찰은 내가 제일 잘할 수 있다. 그 어떤 전문가나 점쟁이도 내 머릿속까지 들어올 수 없고, 아무리 가까운 친구나 가족일지라도 내 인생의 모든 순간을 함께해주지 않는다. 그 모든 것이 가능한 유일한 사람은 '나'다.

그러니 밖에서 답을 찾으려는 노력을 멈춰라. 책을 덮고, 핸드폰을 내려놓자. 정말로 하고 싶었던 것들을 작은 것부터 하나씩 해보

자. 연인이 가고 싶어 하는 여행지가 아니라 내가 늘 가고 싶던 곳에 가보고, 친구들과 어울리는 취미가 아니라 내가 해보고 싶었던 취미를 반나절이라도 해보자. 멍하게 바라보던 텔레비전이나 게임, 인터넷을 잠시 멈추고 '나만의 놀이'를 해보자.

어릴 때부터 "청소부를 해도 좋으니 네가 좋은 것을 하렴" 하고 열심히 놀도록 방목해주고 나를 탐색할 기회를 넘치게 주신 부모님, 나의 어린아이 같은 구석을 사랑하고 지켜주는 소울메이트 나의 아내, 주변 사람들에게 취미로 해주던 커리어 상담을 체계적인 교육 과정으로 만들어볼 기회를 제공해준 유승삼 선생님, 초창기부터 함께 맨땅에 헤딩하며 이 책에 소개된 커리어 설계법의 완성도를 높이는 데 기여해준 김선규 님에게 진심으로 감사드린다.

또한 나의 어설픈 글 솜씨와 여러 번 지연된 일정에도 인내를 잃지 않고 친절한 글쓰기 선생님이자 가이드가 되어준 최재진 에디터와 북클라우드에도 깊은 감사를 전하고 싶다.

마지막으로 아빠의 첫 책과 같은 시기에 바깥세상으로 나온 나의 첫 아이도 언젠가 진로에 대해 고민할 때 이 책을 보고 도움과 용기를 얻기를 희망하며 글을 마무리한다.

상아야, 너도 마음껏 놀아라! 행복한 삶으로 인도해줄 북극성은 이미 네 안에 있단다.

2019년 1월의 겨울

참고 자료

1장 25쪽_《나는 왜 이 일을 하는가》 | 사이먼 사이넥 지음 | 이영민 옮김 | 타임비즈

1장 42쪽_《진작 할 걸 그랬어》 | 김소영 지음 | 위즈덤하우스

2장 66쪽_《그릿》 | 앤절라 더크워스 지음 | 김미정 옮김 | 비즈니스북스

3장 126쪽_《위대한 나의 발견 강점 혁명》 | 도널드 클리프턴, 톰 래스 지음 | 갤럽 옮김 | 청림출판

3장 129쪽_《예능, 유혹의 기술》 | 이승한 지음 | 페이퍼로드

5장 219쪽_《어떻게 살 것인가》 | 유시민 지음 | 생각의길

어제보다
더——.
나답게
일하고 싶다

펴낸날 초판 1쇄 2019년 1월 5일

지은이 박앤디

펴낸이 임호준
본부장 김소중
책임 편집 최재진 ∣ **편집 4팀** 김현아 이한결
디자인 왕윤경 김효숙 정윤경 ∣ **마케팅** 정영주 길보민 김혜민
경영지원 나은혜 박석호 ∣ **IT 운영팀** 표형원 이용직 김준홍 권지선

인쇄 (주)웰컴피앤피

펴낸곳 북클라우드 ∣ **발행처** (주)헬스조선 ∣ **출판등록** 제2-4324호 2006년 1월 12일
주소 서울특별시 중구 세종대로 21길 30 ∣ **전화** (02) 724-7677 ∣ **팩스** (02) 722-9339
포스트 post.naver.com/bookcloud_official ∣ **블로그** blog.naver.com/bookcloud_official

ISBN 979-11-5846-277-2 03320

- 이 도서의 국립중앙도서관 출판예정도서목록(CIP)은 서지정보유통지원시스템 홈페이지(http://seoji, nl, go, kr)와
  국가자료공동목록시스템(http://www. nl, go, kr/kolisnet)에서 이용하실 수 있습니다. (CIP제어번호: CIP2018042089)
- 북클라우드는 독자 여러분의 책에 대한 아이디어와 원고 투고를 기다리고 있습니다.
  책 출간을 원하시는 분은 이메일 vbook@chosun.com으로 간단한 개요와 취지, 연락처 등을 보내주세요.

북클라우드 는 건강한 몸과 아름다운 삶을 생각하는 (주)헬스조선의 출판 브랜드입니다.